数智化零售

科技重塑
未来零售新格局

袁国栋◎著

人民邮电出版社

北京

图书在版编目（CIP）数据

数智化零售：科技重塑未来零售新格局 / 袁国栋著
. -- 北京：人民邮电出版社，2024.1
ISBN 978-7-115-61948-8

Ⅰ. ①数… Ⅱ. ①袁… Ⅲ. ①智能技术－应用－零售
商业－商业经营－研究 Ⅳ. ①F713.32-39

中国国家版本馆CIP数据核字(2023)第105870号

内 容 提 要

本书从数智化零售、AI 零售革命、全渠道运营、场景新零售、数字化门店、营销攻略 6 个维度出发，深入探讨了我国传统零售企业向智慧零售转型的跃迁之路，内容全面，案例丰富，以期能够帮助零售企业重塑经营理念与商业模式，应对数智经济时代的行业机遇与挑战。

本书适合零售行业相关从业者阅读，也可以作为高等院校市场营销和其他管理类专业学生的参考书。

◆ 著　　　　袁国栋
　　责任编辑　李成蹊
　　责任印制　马振武

◆ 人民邮电出版社出版发行　　北京市丰台区成寿寺路 11 号
　　邮编　100164　　电子邮件　315@ptpress.com.cn
　　网址　https://www.ptpress.com.cn
　　三河市君旺印务有限公司印刷

◆ 开本：880×1230　1/32
　　印张：7.25　　　　　　　2024 年 1 月第 1 版
　　字数：216 千字　　　　　2024 年 1 月河北第 1 次印刷

定价：69.80 元

读者服务热线：(010)81055493　印装质量热线：(010)81055316
反盗版热线：(010)81055315
广告经营许可证：京东市监广登字 20170147 号

2022年12月，国务院印发了《扩大内需战略规划纲要（2022—2035年）》，明确提出要"加快培育新型消费"，支持线上线下商品消费融合发展；加快传统线下业态数字化改造和转型升级；发展智慧超市、智慧商店、智慧餐厅等新零售业态；健全新型消费领域技术和服务标准体系，依法规范平台经济发展，提升新业态监管能力。

零售行业作为国民经济发展的支柱型产业，可以有力推动社会经济发展，在构建以国内大循环为主体、国内国际双循环相互促进的新发展格局中，发挥着基础性、关键性的作用。同时，零售行业在扩大内需、保障生产、促进消费等方面也扮演着不可或缺的角色。推动零售行业的数智化转型，是提升人民生活质量的重要途径。

近年来，电商与物流行业的创新发展，使传统零售行业向数字化、智能化方向转型升级的需求愈加迫切。现代信息技术的进步为我国零售行业的变革与重构奠定了技术基础，为加快零售行业数智化转型升级创造了契机，构建全渠道、智慧的零售生态系统成为新的要求。

在社会经济发展、制造行业创新升级的大背景下，我国零售行业的弊端逐渐凸显，例如数字化基础能力薄弱、企业经营管理模式滞后、市场同质化竞争激烈等，不再适应现代社会经济发展要求。

随着数字技术和实体经济的深度融合，数字经济已经成为加快产业变革、实现高质量发展的助推引擎，而数智化零售作为其重要的组成部分，对稳消费、稳就业、稳增长意义重大。在技术、政策与市场的推动作用下，数智化零售逐渐步入快速发展轨道，产业链各环节焕发出新的生机与活力。

现阶段，我国零售行业转型的趋势如下。

数智化工具全流程参与。数智化是数字化的更高阶段，其在零售行业中全流程参与将是未来的必然趋势。对数智化工具的应用不再仅限于消费者能力评估、门店选址等，而是以数智化能力贯穿零售产业链的各个环节，推动产业链的数智化重构。

企业更加注重打造独特品牌。随着零售行业各环节数智化转型的不断推进，完善的数据产业生态将逐步构建起来。在此基础上，企业管理者可以充分利用市场数据、行业数据、产业数据，合理规划企业发展，对品牌进行精准定位，更有针对性地为特定消费群体提供个性化服务。

有更多企业尝试做自有品牌。通过分析大量统计数据，相关零售主体可以对市场需求有更精准的把控，因此会有一部分企业从中间商转型为自有品牌创立者，提升其自营商品能力，以获取更多的利润。

　　从数智化零售发展的大方向上看，大数据、5G、AI、物联网等技术将为零售行业全场景、全流程、全要素数字化赋能，在纵向上推动从生产到销售各环节的高度协同，在横向上促进物流配送、商品流通网络节点的高效连接，使我国零售行业的数字化、智能化、协同化、国际化水平大幅提升，为消费者提供高质量的商品和服务。

　　数智化零售将促进深化零售企业与产业链上下游企业、进出口企业的协同合作，实现产业链各要素跨行业、跨渠道高度融合。企业将进一步优化相关流程环节，拓展市场渠道，提高其商品和服务的竞争力，寻找新的收益增长点。

　　在未来的几年中，我国零售行业需要优先构建功能相对完备、设施智能高效、信息广泛共享、数据互联互通的数字化零售系统，为实现全方位的数智化转型打下坚实的基础；需要依托系统的开放特性，实现跨区域联动、跨行业融合、跨业态互补，促进对市场资源、信息资源等各类资源的高效利用和对供应链全环节的高效管控，从而降低企业的经营成本，提升市场竞争力。另外，企业自身也需要改进经营管理方法，进一步创新组织形式，改变以扩张门店数量为主的发展思路，充分利用数智化技术优势，进行科学选址、选品、管理和营销。

　　鉴于此，本书立足于我国零售行业的发展路径与趋势，全面阐述了新一代信息技术在零售领域的融合与创新实践，分别从数智化零售、AI 零售革命、全渠道运营、场景新零售、数字化门店、营销攻略 6 个维度出发，深入探讨了我国传统零售企业数智化转型之路，以期帮助零售企业重塑经营理念与商业模式，应对数智经济时代的行业机遇与挑战。

目录

第一部分

数智化零售

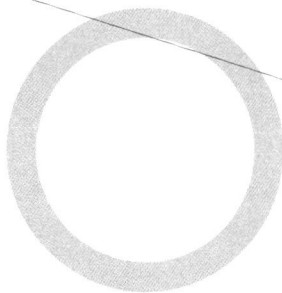

第 1 章
零售科技：智能时代的零售新格局

"零售＋科技"的演变路径

2019 年，工业和信息化部正式向中国电信等国内电信运营商发放 5G 商用牌照。在获得 5G 商用牌照后，电信运营商可以扩大 5G 的试用范围，进而推动 5G 与其他产业的融合发展。零售行业作为与人民群众的生活密切相关的行业，在 5G 的驱动下必然能够焕发新的生机、塑造新的格局。

以 5G、大数据等为代表的新一代信息技术与零售行业的持续融合应用，有望推动零售行业实现数字化转型与升级。一方面，大数据技术的应用可以对零售行业的海量数据（包括商品信息、消费者的消费行为数据等）进行采集、挖掘、整合、分析；另一方面，具备高速率、低时延和大连接等特征的 5G 技术，可以保证各类信息协同共享的及时性与准确性，并且能够整合零售产业链上的碎片化信息，形成系统化的"零售数据链"，精准定位消费者的需求与偏好。

回顾我国零售行业的发展历史，可以发现，互联网的每次进步都带动零售行业迈入更高的发展阶段。我国互联网的大致发展历程如图 1-1 所示。

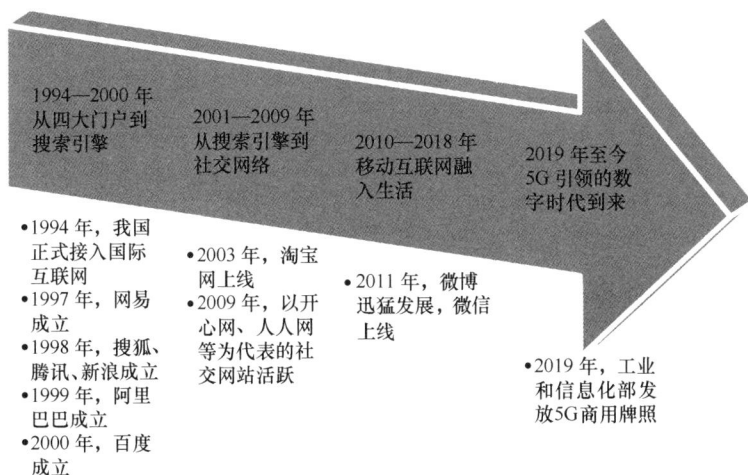

图 1-1　我国互联网的大致发展历程

1998年，搜狐、新浪等网站相继创建，我国进入互联网时代，人们可以在互联网上浏览文本、图片、视频等信息，而这也为零售行业的网络化发展奠定了基础。1999年，当当网、阿里巴巴、携程等公司相继成立，并开启了电商发展模式。

2008年，智能手机面市。2009年，工业和信息化部发放3G牌照，智能手机能够承载更多的功能。2011年是公认的移动互联网元年，这一年，众多手机应用软件如雨后春笋般涌现，并被人们广泛接受和使用，消费者可以借助移动端的应用软件随时随地浏览商品、进行交易。由此开辟了手机购物的新场景。

2013年，工业和信息化部发放4G牌照，我国迎来了4G时代。4G不仅带来了高于3G的传输速率，助力移动支付全面普及，而且提供了形式更丰富、规模更庞大的信息和服务，同时还带来了 AI、大数据、物联网等新一代信息技术的快速发展，这些技术结合 4G，可以采集消费者的消费行为数据，通过数据分析预测消费者的需求，推动消费者服务向个性化方向发展。

而 5G 在通信广度和深度上要远远超过 4G。5G 支持大规模的终端同时接入网络，极大地提升了上传和下载各类信息的速率。另外，5G 还衍生出很多新技术，网络切片技术就是其中的一种，它在各类场景中的应用非常灵活，能够满足不同垂直行业的特定需求，推动很多美好的设想落地。

5G 赋能：重塑智慧零售新生态

在赋能零售行业、推动其转型升级的过程中，5G 并不是单独发挥作用，而是和 AI、边缘计算、VR／AR 等技术交互，共同对零售行业产生影响。在这个过程中，5G 为其他技术的应用提供网络支持，并带动上层应用性能的大幅提升。

5G 与其他技术的融合聚变

（1）5G 释放了 AI 的潜能

5G 具备的超低时延、超大带宽和超高速率等性能，允许海量设备同时接入，能够将图片、视频等数据迅速、实时地传输至云端进行处理，缓解了本地设备的计算压力，提高了响应速度，进而推动多场景 AI 应用落地。

（2）5G 促进了边缘计算技术的广泛应用

5G 的应用能够保证多个设备互联互通，提高协同工作的效率，推动边缘计算技术在更多场景深入应用。

（3）5G 降低了智能硬件的成本

5G 的应用促进软件硬件解耦，使设备的尺寸、体积大幅缩小，成本明显下降。

由此可见，5G 能够带动相关技术的创新与进步，推动各行各业的商业模式和技术生态发生巨大变革。

5G 驱动的智慧零售新时代

2019 年，3 家电信运营商正式上线 5G 商用套餐，这标志着我国正式进入 5G 商用时代。5G 商用的推进，使我国零售行业逐渐进入"高个性、高体验、高智能"的智慧零售时代。

互联网赋予实物商品虚拟化的特性，让商品交易不再受限于物理距离。移动互联网和各种移动终端的出现让人们能够随时随地上网，拉近了消费者和商品之间的距离。而 5G 为移动互联网带来了更快的网络速率、更大的带宽和更高的传输稳定性，进一步减少了消费者获取信息的障碍，也更加彻底地打破了物理距离对商品交易的制约，能够为消费者提供更加便利和贴心的服务。例如，5G 的应用实现了实体门店的 24 小时远程视频监控和机器人配送，有效解决了运营成本高的问题。不仅如此，随着新一代通信网络基础设施建设的不断推进，5G 还将赋能零售产业链的数字化转型。例如，依托基于 5G 的高清视频和全息投影等技术，促进商品线上宣传。

可以设想，5G 将为人们创造出一个数字化、信息化的环境，让消费者可以随时随地通过各种智能终端了解商品信息，并实现无感交易，重塑智能零售新生态。

智能时代的零售科技

随着数字经济逐渐成为经济社会发展的驱动力，数智化零售也成为传统零售变革的重要方向。为此，企业亟须升级零售系统，建设新的数字基础设施体系。数据分析、AI、物联网等新一代信息技术的迅速发展和大规模应用，在技术层面为零售行业的数字化转型提供了强有力的支撑。

数据分析

数据分析可以用来生成消费者热图，并依据热图中呈现的消费者行为信息实现商品及其品类的优化和陈列；数据分析还能迅速准确辨别出曾购买过某特定商品的消费者，便于企业为这些消费者提供个性化服务。具体来说，数据分析在智慧零售中的应用场景如图 1-2 所示。

（1）绩效预测

绩效预测是数据分析在零售行业的重要应用。在整个零售过程中，各个环节的消费者交互体验都会影响企业与消费者的关系。如果企业没有足够的信息、制定的运营策略缺乏针对性，那么就可能面临较大的运营风险。而数据分析可以预测商品在消费者中的受欢迎程度，并在此基础上预测销售业绩。

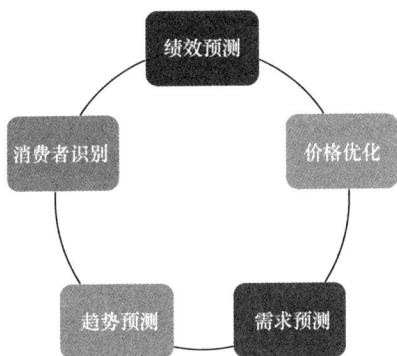

図

图1-2 数据分析在智慧零售中的应用场景

（2）价格优化

数据分析有助于完善商品的定价策略。零售商可以借助各种分析算法实现需求跟踪、库存监视等功能，实时掌握市场的现状，并通过价格优化精准把握最佳的调价时机。

（3）需求预测

数据分析可以统计消费者的购买行为信息，有助于零售商深度把握消费者的购买趋势和需求，为其提供个性化的服务。

（4）趋势预测

数据分析可以根据商品的销售数据进行预测，帮助零售商洞察业务发展趋势，掌握营销的方法与策略。

（5）消费者识别

数据分析还具备识别消费者的作用，许多零售商通过分析交易记录来了解消费者的喜好，有针对性地为消费者推荐商品。通过数据分析，零售商能够预测未来的销售情况，从而有望获得市场竞争优势，扩大市场占有率。

AI

随着 AI 的发展及应用的不断推进，零售行业将以智能化的手段重构"人、货、场"的关系，提高零售效率，优化消费者体验，掀起行业变革的热潮。目前，越来越多掌握大量数据、算法、技术等资源的互联网企业进入零售领域，并采用新应用、新模式改变零售行业的竞争格局。AI 在零售行业运营管理中的主要作用如下。

（1）智能化运营决策

基于 AI 的分析工具可以采集、整合、计算、分析各个环节中的数据，有助于零售商快速制订和调整计划、争取各方支持等。除此之外，AI 还可以按照具体的场地特征和可用因素自动为零售商选取合适的商品，为消费者提供定制化的商品和服务，在门店的运营和服务等方面发挥着重要的作用。

（2）库存管理智能化

品牌商和零售商可以借助机器学习算法和 AI 技术优化工作流程和生产计划，更好地处理意外事件等造成的需求变化，提高需求预测的精准度，完善供应链规划，从而有效减少库存，提高生产效率。

（3）提高运营敏捷性

运营敏捷性较高的企业和零售商在面对变化时能够及时做出反应，采取积极的应对措施。AI工具具备极高的学习能力和推理能力，能够跟踪和挖掘数据。根据数据分析结果制定行动规划，能够降低决策失误造成的损失。

物联网

物联网应用的落地加速了零售行业的转型升级，促使零售行业从销售、库存管理、消费者忠实度和个性化体验等方面进行优化提升。物联网技术在零售行业的应用如下。

（1）智能货架

在零售行业，管理商品往往需要消耗大量的时间和精力。基于物联网的智能货架能够自动检查商品余量和商品的摆放位置等情况，并通过射频识别（RFID）探头监控防盗。不仅如此，智能货架上还装配了电子标签、重量传感器等，以提高管理商品的效率。例如，通过扫描电子标签获取货架上商品的数量信息、时间信息和位置信息等。

（2）自动结账系统

基于物联网的自动结账系统可以自动读取商品标签并生成账单，能够在消费者的数字支付应用程序中自动扣除相应的费用，为消费者节省了结账时间，提升了消费者的消费体验。

基于全链路的数字化零售战略

在数字化浪潮中，传统零售企业的数字化转型势在必行，但无法一蹴而就，必须制定具有前瞻性、整体性的发展战略。

数字化零售战略的主要组成部分如图 1-3 所示。

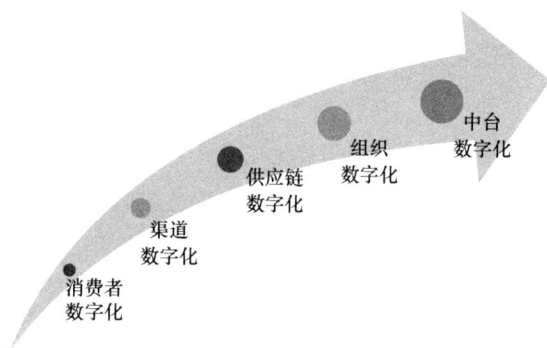

图 1-3　数字化零售战略的主要组成部分

（1）消费者数字化

在数字时代，消费者是零售企业最具价值的资产，良好的运营能够有效稳定消费者资源。零售企业要围绕消费者群体、消费者喜好、消费者位置等关键问题进行思考，提供能够充分满足消费者需求的商品和服务。

在数字时代，零售企业应构建完善的全渠道运营体系，实现与消费者全触点在线连接，建立统一的消费者数据中心，精准分析并处理数据，做好潜在消费者转化、运营等工作，打造全链路消费者数字化运营闭环。

因此，零售企业既要通过建设平台渠道、电商渠道等方式获取数据，尽可能多地积累消费者，又要尽快采取搭建微信生态和引入运营私域流量等手段构建自主的全渠道消费者数据运营体系，并在此基础上搭建用户数据中台（CDP）等。

（2）渠道数字化

终端渠道是零售企业与消费者交易的最终端口。在消费者数字化、业务智能化的发展趋势下，零售企业必须对终端渠道进行数字化升级，打通采集商品、订单、消费者信息的全数据链路，促使终端渠道业务实现智能化。

实体门店作为零售企业的重要销售渠道，沉淀了大量的数据。而实体门店升级为数字化门店需要对其业务系统进行数字化改造，再利用系统收集到的数据推动门店经营及营销智能化。

一方面，门店要升级业务系统。实体门店的销售终端应该逐渐转向数字化和智能化，通过应用大量商业智能（BI）、门店小程序和客户关系管理（CRM）系统等工具，提高商品管理、订单管理、消费者管理的数字化水平，不断拓展数据沉淀的维度。

另一方面，门店要强化数字技术的落地应用。已有业务系统中的数据不足以全方位呈现实体门店中的客流量、消费者游览动线、导购销售行为等具体情况，因此实体门店要充分运用大数据、物联网、AI等技术，进一步提高传感器、摄像头、互动大屏、自助服务设备等终端的感知能力，让零售企业获取更多、更全的门店零售数据。

目前，已经有不少品牌的实体门店和购物中心通过装配具有识别功能的智能摄像头，开展客流量统计、消费者进店识别、消费者画像分析、消费者分布热力图绘制，以及员工异常行为识别和督导等日常工作。除此之外，基于 AI 和计算机视觉技术打造的智能货架和无人门店等数字化零售渠道，也可以自动采集与分析整个购物过程产生的数据。

（3）供应链数字化

零售企业可以借助数据洞察和各供应链科技[1]实现从前端消费者数字化、渠道数字化到后端供应链数字化的逆向牵引。具体来说，数字化的柔性供应链能为消费者定制个性化商品，满足市场快速变化的需求，优化库存结构。

企业的实际经营通常要面临门店选址、库存备货、商品生产计划、商品供应计划和促销方案等问题，还需要在这些问题中做出正确决策。在传统的决策模式中，专业人员丰富的经验和既定的业务规则是做出正确决策的关键，但专业人员的培养周期长、成本高，流动性大，并且个人决策具有较大的局限性和不可控性。因此，企业的经营决策也需要智能化升级。

随着企业对降本增效和精细化运营的需求越来越高，经营决策的智能化升级必须尽快提上日程。企业可以充分利用机器

1　供应链科技是指 AI、云计算、大数据、物联网等技术在供应链交易、加工、物流、金融、采购等方面的应用。

学习、业务模型、行业知识图谱等技术和工具，搜集大量的数据，最终以数据驱动智能决策，从而减少人力成本支出，提高经营决策的效率和精准度，增强经营的可控性。

（4）组织数字化

数字化转型改变了原本的业务流程和工作流程，并且数字化转型的实施需要组织和人才的驱动，因此企业要重视组织数字化，从各个方面提升组织的数字化水平。

首先，企业领导要增强数字化意识；其次，企业要基于数字化业务需求搭建新的组织架构，培养数字化人才，实现人岗匹配；再次，企业要对职能部门的员工进行数字化培训，并向其提供数字化工具；最后，企业要根据新的业务流程重新规划利益分配机制。

（5）中台数字化

零售企业进行数字化转型时，需要不断加强后台信息系统中的业务中台和数据中台建设，从而对前端业务的全渠道融合、在线运营和数据驱动的变革形成有效支撑。

企业资源计划（ERP）等传统的业务系统是供应商独立创建的，各个系统之间互不相通、独立运行，这导致零售企业无法打通各个渠道的消费者和库存，难以从全局角度为消费者提供全渠道一致性的体验，而且，ERP等传统的业务系统无法在技术上实现高并发、实时处理、新应用持续升级等功能，无法满足日新月异的业务场景。

传统的业务系统是以流程驱动的数据封闭的系统，各个系统之间的数据没有关联，难以构建统一的数据资产，加之传统的数据库能承载的数据量是有限的，处理分析数据的能力也无法满足当前的需求。而大数据、云计算和微服务架构等技术可以从计算资源、数据处理、数据分析等层面支撑零售企业的信息技术基础设施变革。以这些技术为基础搭建的业务中台和数据中台正在逐渐被投入实际场景中应用，为零售行业的数字化转型提供新一代系统平台。

其中，业务中台是由多个业务中心组成的后端业务共享平台，它以共享的方式实现了前端业务全渠道的融合，能迅速响应前端的业务需求。具体来说，库存中心能够打通线上与线下的库存系统，实现全渠道库存共享，例如，消费者线上下单后，电商仓库会统一发货，避免因线下实体门店缺货而流失客源；全渠道消费者中心则可以打通门店、支付宝、小程序和电商平台等多个渠道的消费者数据和相关权益，描绘出更加详细的消费者画像，为消费者打造全渠道一致性的体验。

数据中台能够打通并统一管理门店数据、第三方数据、业务系统数据等来自各个渠道的数据，将数据资源转化为数据资产。数据中台可以利用数据资产、智能算法和业务模型向业务中台提供多种智能应用，例如智能营销、智能配货、销量预测、智能补货等，从而实现数据驱动业务智能。零售企业可以通过数据中台打通线上和线下的消费者数据，进一步完善线下消费者标签，让实体门店选址和商品营销有据可依，最终实现线上线下融合和数据驱动业务。

业务中台与数据中台的双向融合实现了业务数据化、数据资产化、数据业务化和业务智能化，完成了业务数据的闭环。其中，业务中台可以向数据中台传输其沉淀的业务数据，而数据中台在对数据进行智能化计算、分析、存储后，又以数据服务的方式向业务中台输出结果，支撑各种应用，共同实现业务场景的智能化升级。

数字化转型的核心目标是实现业务的持续增长，为此，零售企业要从规划、组织、设施等方面推动数字化转型：首先，要按部就班地推动消费者、渠道和供应链向数字化方向发展，借助数字化手段重塑"人、货、场"的关系；其次，要积极推动组织的数字化变革；最后，要建设信息技术基础设施，搭建用于定位、营销等的数字化中台。

第②章

数智赋能：未来零售行业的五维变革

新一代信息技术的迅速发展与融合应用，促进了各行各业商业模式的变革，零售行业也不例外。在此形势下，零售行业要借助5G、AI、大数据、云计算等技术，打造线上到线下（O2O）、用户连制造（C2M）等新型零售模式，推动智慧零售生态系统的建立和完善。

数字技术加速了智慧零售场景的落地，满足了消费者多元化、个性化的消费需求，为消费者带来了前所未有的消费体验。随着经济和社会的发展，人们越来越追求智能化、个性化的生活体验，智能化、个性化的产品迎来巨大的发展空间。同时，依托5G的智能平台，能够实现产品使用数据的实时共享，实现消费者需求的快速响应与精准匹配。

未来，基于5G的智慧零售将进入快速发展阶段，主要体现在新模式、新场景、新产品、新体验、新服务5个维度。

新模式：零售模式的商业创新

零售模式是指零售商从生产商处批发产品，囤积在门店内供消费者购买，同时为消费者提供一定的附加服务，从中获得一部分利润的运营模式。5G等新一代信息技术能够助力零售商根据消费者的需求和偏好，制定精准的零售决策，为消费者提供合适的产品，从而提升其消费体验。零售行业是新时代行业智能化升级的重要组成部分，零售企业应抓住机遇，积极探寻零售新模式。

零售模式创新通常包含 3 个维度，即电商模式创新、线下模式创新及融合模式创新。

（1）电商模式创新

电商模式创新的一个典型代表是社交电商。社交电商利用新一代信息技术满足消费者个性化的消费需求，让消费者在获得满意的消费体验后主动将产品分享给其他人，从而形成良好的产品口碑，带动市场规模持续扩大。同时，在 5G、VR/AR等技术的加持下，商家能够通过高清视频在社交平台与消费者进行互动，让消费者全方位体验产品。

（2）线下模式创新

线下模式创新主要是将 5G 等新一代信息技术融入传统零售行业，通过技术创新开发实体门店的新功能，实现产品信息的多维展示，构建消费者信赖的零售新业态。例如，在生鲜市场上，商家可以利用各类智能屏幕为消费者展示生鲜产品的采购、运输及加工等流程，打通产品与消费者之间的"信息壁垒"，让消费者放心购买。

（3）融合模式创新

融合模式是一种更为理想的模式，它对线上线下数字化运营的要求比较高，致力于通过全渠道高水平的守约能力和营销能力，推动线上线下实现高效的数字化运作。5G 等新一代信息技术的应用能够对线上线下数据进行全面采集与智能分析，为实现线上与线下的融合提供强有力的技术支撑。近年来，C2M模式的兴起在零售领域掀起了一股热潮，受到商家和消费者的青睐。C2M 模式的本质是在生产商与消费者之间建立直接联系的通道，实现两端数据的直接交互，促使生产商精准掌握消费者多元化、个性化的需求，推动产品持续迭代优化、创新升级。C2M 模式不仅可以帮助商家实现降本增效，还方便消费者了解产品信息，提升消费体验。零售商通过 C2M 模式能够深入挖掘消费者的数据，并将结果反馈给生产商，支持生产商优化生产决策，生产出契合消费者需求的产品，推动先有订单后生产、小批量定制等新型生产模式的发展。

基于 5G 的零售模式能够实现生产商、零售商与消费者之间的互联互通，推动各个终端协同发展，打造以消费者需求为中心、以生产商和零售商长足发展为目标、可以实现三方共赢的智慧零售模式。

新场景：打造数字化购物场景

随着 5G、VR/AR 等技术的不断发展和深入应用，各类智能终端不断衍生，比较典型的智能终端有可穿戴设备、智能家居产品、智能车载设备等，它们的推广普及推动了智慧零售场景的大规模扩展和持续落地，为消费者打造出虚实结合、便捷高效的数字化购物场景。智慧零售场景涵盖的内容比较广泛，例如电商平台、电商 App 等虚拟购物场景，微信、微博等线上社交场景，抖音、小红书等娱乐化场景，商场、超市等实体门店场景，社区服务等社区生活场景等。

总体来讲，智慧零售是基于不同消费群体、围绕消费者需求而展开的消费场景创新，旨在为消费者提供更全面的个性化服务体验。

社区生活场景

在技术的带动下，以满足生活需求为主的各类购物场景将越来越智能。依托 5G 等新一代信息技术的智能设备，能够方便消费者了解产品的详细信息，并提供自动购买与自动补货等功能，为消费者带来高效、优质的智能化购物体验。

在社区图书报刊的订阅场景中，智能书柜拥有巨大的发展前景。智能书柜可以自动甄别藏书的种类，识别消费者对图书的阅读频率与时长，智能推断消费者的阅读习惯，并及时推送相关的新书、畅销书和经典图书等。在 5G 的加持下，智能书柜还实现了与出版商、经销商的互联。

在家庭生活场景中，基于 5G 的智能家居产品能够根据消费者的使用情况分析需求，同时将相关信息分享给生产商和供应商，以优化生产决策。此外，借助 AI 技术，智能家居产品可以感知货物存量自动下单补货，例如，智能冰箱可以自动下单补货，智能洗衣机可以自动补充洗衣粉等。

虚拟购物场景

5G 时代，VR/AR 技术催生了虚拟购物场景，打破了线上线下购物场景的界限，推动线上线下购物融合发展。在 VR/AR 技术打造的虚拟购物场景中，消费者能够身临其境地体验和试用产品，例如，试穿衣服、试戴首饰等。同时，VR/AR 技术能够帮助消费者更加全面地了解产品的信息。

例如，在线上购买鞋子的场景中，线上店铺可以利用 VR/AR 技术帮助消费者"试穿"鞋子，并且展示出消费者"穿着"鞋子在户外运动的场景，例如跑步、登山等，提升消费的趣味性和直观性。此外，消费者在线下购买产品时，线下实体门店可以通过线上平台为消费者提供相关服务。

娱乐化场景

5G、VR/AR 等技术为各类娱乐化场景（包括体育赛事、动漫会展、演唱会等）赋能，帮助消费者实现"足不出户看世界"。这种身临其境的感觉能够为消费者带来多元化的消费体验。例如，在线上观看体育赛事时，人们可以体验现场的热烈氛围，也可以下单购买周边产品。

通过上述分析可知，新一代信息技术推动了传统零售场景的智能化转型，同时为孕育各类新型零售场景提供了"土壤"。5G 赋能零售行业，帮助零售企业突破了地域、环境等限制，实现随时随地开展营销活动；零售企业能够更加准确地掌握消费者的需求，从源头优化产品的质量、扩大产品的品类、实现产品的精准推送。

新产品：5G+AIoT 赋能智慧家庭

在 5G 时代，新技术的协同互联催生了一大批智能产品与智慧应用场景。例如，5G、物联网等技术应用于智慧家居场景，不仅能够促进家居产品的智能化升级，而且通过信息共享可以实现各类智能家居产品之间的交互协作；基于 5G、AI、物联网等技术的智能服务机器人通过 5G 网络将数据实时传输到云端，"AI 大脑"更聪明、运行更加流畅。

目前，智能服务机器人的应用场景越来越广泛，覆盖了社区服务、家政服务、门店导购等。超市智能服务机器人示例如图 2-1 所示。

依托 5G 低时延的特点，零售企业能够实现电子标签的毫秒级同步变价；结合物联网技术，零售企业能够实现产品信息的实时展示与实时更新，以便能够根据实时掌握的市场情况，及时调整策略。总体来看，5G 实现了信息的深度交互与协同，基于 5G 的智慧零售产品正在向更敏捷、更智能的方向迈进，不断满足消费者多元化、个性化的需求。

图 2-1　超市智能服务机器人示例

AIoT 技术将围绕消费者应用场景进行扩展，在各个孤立的设备之间搭建通道，形成系统性的联动组织，催生一系列新型的智能终端产品。

未来，与家庭成员的使用习惯、需求等相关的数据将呈现爆发式增长，并极大地扩充智慧家庭云端数据库，促使企业大规模地研发以此为基础的智能终端产品。

在万物互联的时代，AI 在各场景中的应用将更加深入。目前，智能电视、智能音箱、智能空调等一系列智能家居产品能够依托远程语音识别、语音合成与对话等技术，帮助消费者提升生活品质。此外，人脸识别、行为分析等技术的应用可以提升家庭安全指数，使消费者的生活更加安心舒适。

此外，5G+AIoT 能够推动设备间深层次、高质量的数据流通，满足 AI 模型严苛的数据质量要求。同时，5G 超高速率与超低时延的优势促进了设备间数据的实时共享与高效协同，两者结合能够催生大批种类多样、性能优越的智能终端产品，突破应用场景的限制，在各类应用场景中实现广泛应用与融合应用。在此背景下，智能家居产品将得到空前的扩展，推动智慧家庭场景快速落地，促进智能家居产品零售不断发展。未来，在智能设备普及与网络技术进步的双重作用下，智慧零售场景将全面落地，带给消费者更智能、更丰富的体验。

虽然智能家居产品对消费者数据的采集和分析引起了消费者对数据安全的担忧，但是边缘计算服务器（家庭中心服务器）很好地消除了这一顾虑。边缘计算服务器可以实现数据在家庭内部的分析处理，提升智能家居产品的安全性和可靠性。

新体验：重新定义零售体验

作为一种创新性的零售模式，智慧零售致力于借助 5G 等技术为消费者提供优质、便捷、高效的服务。5G 对零售行业的赋能体现在多个层面，例如，5G 与大数据技术深度融合，实现了海量零售数据的全面采集、高速传输、精准分析，充分挖掘了零售行业数据的价值；5G 与 VR／AR、互联网等技术相结合，催生了一批智能设备，并开发出智能咨询、个性化推送、刷脸支付等一系列新功能。

美国认知心理学家唐纳德·诺曼最早提出"用户体验"的概念，他认为："一个良好的产品能同时增强心灵和思想的感受，使消费者拥有愉悦的感觉去欣赏、使用和拥有它。"他主张分析特定场景中人的思维方式和行为模式，对产品和服务整体流程进行设计，使消费者的需求得到满足，并获得良好的体验。基于上述描述，我们可以将零售体验理解为当零售的产品和服务与消费者产生联系并发挥作用时，消费者在这一过程中产生的主观感受。

而在具体的零售过程中，消费者的购物体验会受到各种因素的影响。本节主要分析营销环节对消费者购物体验的影响。

（1）五感营销：带给消费者全新的感官体验

5G 在零售行业的广泛和深入应用，能够助力零售体验实现颠覆性升级。

5G 与物联网、大数据等技术结合，打造个性化的优质产品和服务，例如，智能沙发、智能床垫等，能为消费者带来舒适的触觉体验；5G、VR/AR 技术的融合应用，能为消费者提供足不出户却身临其境的体验，从视听维度刷新消费者的认知。

（2）个性化营销：实现真正的"千人千面"

在智慧零售时代，个性化营销将迎来更全面、更贴切、更具体的诠释。

在智慧零售中，实体门店将安装多功能智能传感器，自动识别到店的消费者，并为其推送个性化的优惠活动；同时，结合云端存储的消费者偏好、购买习惯等信息，门店导购可以为其推荐合适的产品或当季新品，提升消费者的购物体验，增强消费者的黏性。

5G 为个性化营销场景的落地提供了技术基础。依托 5G，零售商可以实现海量消费者数据的全面收集、智能分析与高速传输，借助云计算与边缘计算技术，实现海量零售设备数据的共享、实时互联与高效协同。

新服务：助力商品流通提质增效

零售服务是零售企业通过创新消费渠道、技术、体验为消费者提供所购买商品的价值增值服务，贯穿于零售链条的各个环节。

5G 赋能零售服务，能够在实现已有服务降本增效的同时，开发创造新的服务体验。零售服务通常分为售前、售中、售后 3 个环节。

（1）售前环节

售前导购服务能够直接影响消费体验，决定消费者的购买意愿。在以消费者为中心的营销活动中，优秀的导购要全面了解消费者的需求、偏好及购物习惯等，充分掌握商品的性能，并据此与消费者进行交流，从而为消费者推荐合适的商品。

而在 5G 时代，5G 结合 VR/AR、三维全息投影等技术打造的虚拟导购服务，可以实现商品与消费者的深度交互，将商品的包装、性能乃至内部构造全面、立体地展现给消费者，并通过 VR/AR 技术向消费者讲解，让消费者在全面了解商品的前提下放心购买。此外，线下门店的虚拟导购服务能够实现私人定制，极大地提升消费体验。

（2）售中环节

快速、贴心的物流配送服务是提升消费体验的重要内容。现阶段，物流配送以人力配送为主，难以保证配送的时效，配送过程中也有可能损坏商品。

5G能够推动无人配送服务落地。无人配送是指采用无人机、无人车等进行物流配送，在配送的过程中，借助大数据、云计算等技术自动优化和调整配送路线。依托远程操控等技术，物流配送环节还能实现货物智能分拣和罗列，大幅提升工作效率。

（3）售后环节

高效、优质的售后服务是提升消费体验的关键。基于5G的智慧零售，能够借助高清视频平台实现售后服务人员与消费者的高效沟通，帮助售后服务人员准确掌握消费者反馈的问题，并及时为其提供有效的解决方法，在做好维护消费者权益的同时，提升品牌的口碑。

第 ③ 章
5G 驱动：引领零售数智化转型之路

5G 在零售模式中的实践应用

洞察个性化需求

5G 能够推动 C2M 模式快速发展。合理使用传感器能够拓展应用场景，可以帮助零售商精准地捕捉消费者的特征、消费偏好甚至情绪等多个维度的信息，以便优化商品。例如，消费者在挑选商品时会因为包装、性能、价格等信息产生一些表情变化，传感器可以识别这些变化，并将其记录下来进行智能分析，了解消费者的需求和能够接受的价格区间，从而设计生产相应的商品。

同时，基于 5G、VR/AR 等技术，生产商可以邀请消费者参与商品设计与优化，提升消费体验。此外，在商品投入生产之前，生产商可以根据消费者需求及偏好设定不同的选择，让消费者根据需要灵活搭配，实现商品的个性化定制。

数字化门店

早前就有学者提出数字化门店的概念，但受限于当时的技术和设备，难以实现海量门店数据的实时采集、共享、传输及分析，导致这一概念始终无法落实。

随着5G商用规模的扩大，各类智能传感器相继被研发出来，为门店数据的实时采集和传输提供了智能载体，使数据采集手段更加多元化，可以采集的数据范围更广。此外，5G的成熟及广泛应用，能够有效解决以往云端和终端算力的瓶颈问题，突破网络层面的限制，推进数字化门店有序落地。

基于5G与大数据等技术，智能传感器的应用能够实现消费者数据的实时采集与智能分析，同时支持商家与消费者进行实时互动，从而进一步完善数据信息库，打造消费者数据智能闭环，推动数字化门店发展。

全场景零售

在5G的支持下，商家可以实现消费者数据的实时采集、完整传输与精准分析，掌握多个场景中消费者的消费习惯与特征，并在云端描绘出较为精准的消费者画像，从而为消费者提供个性化的服务。

5G为跨业态的零售商带来了新的发展机遇，助力其实现线上线下融合发展，打开全场景零售的新局面。

供应链协同

数字经济的发展将带动众多企业开展数字化转型升级。在这个过程中，供应链数字化是一个必然进程，是融合技术与管理模式转变的动态过程。

5G 不仅能为供应链数字化转型提供技术支撑，还将加快供应链协同的进程。基于 5G 大带宽与广连接的特征，5G 的应用能够大幅提升数据采集和分析的效率与精确度，促进供应链各端口更灵敏地感知市场变化并迅速做出响应，推动生产、库存、运输、营销各环节的高效协同，打造智能化的供应链。

5G 在零售场景中的实践应用

虚拟门店

在 5G、VR/AR 等技术不断发展和推广应用的背景下，诸多零售商与品牌商纷纷推出虚拟门店，力求为消费者呈现全面且真实的商品状态和性能，便于消费者足不出户进行购物，并获得良好的消费体验。

在虚拟门店的诸多应用场景中，家装场景最值得期待。例如，在家装的空间测量环节，以往必须经过实地测量和参数对比才能挑选商品，而在虚拟门店中可以直接参考智能空调计算的制冷面积，再结合家庭的具体布局来确定需要采购的商品规格与样式；在消费者进行购物决策时，虚拟门店能够基于不同商品与其所占空间的数据，构建商品呈现模型，并根据消费者的需求进行商品与空间的匹配和调整。

云入口

VR/AR 技术的发展和应用，使云端娱乐应用场景得到迅速扩展，典型的云端应用包括云娱乐演出、云体育赛事、云展览会、云博物馆、云景区等，使消费者足不出户就能参观、游玩多种娱乐项目。

而 5G 的发展为各类云端娱乐应用场景进一步赋能。5G 优越的性能指标不仅使消费者的娱乐体验产生了质的飞跃，还不断拓展出新的应用场景，激发消费者配备相应的智能设备，从云端入口"进入"虚拟的娱乐环境，体验身临其境的快感。例如，消费者在云端观看体育赛事时，能够为支持的队伍加油助威，可以与喜欢的运动员互动、合影，还可以与观看同一赛事的观众交流观赛心得；消费者在云端旅游时，不仅可以身临其境地观赏景区美景，还可以感受到如同现实场景一般的清新怡人的空气，甚至可以进入虚拟商店购买旅游纪念品；消费者在参观云博物馆时，能够 360 度全面细致地观察文物的特征，详细了解文物的相关历史。

移动门店

5G 时代的到来，为无人车的落地和推广提供了可能。移动门店利用 5G 和大数据等技术，能够充分调研和分析配送范围内消费者的需求；通过智能系统，可以实时更新调整无人车配送的商品结构，以满足消费者的需求；借助互联网技术，对周边无人车进行联网协同，从而有效提升配送的效率。

同时，借助大数据、云计算等技术，移动门店能够分析周边区域内消费者的特征，掌握消费者的购买力、购买偏好、购买频率等信息，并将这部分消费者划分成不同的群体，便于商家为其提供更合适的商品。例如，牛奶配送商通过收集和分析相关消费数据，获得周边消费者对牛奶品牌的偏好、需求量等信息，实现牛奶品牌的精准匹配，这一模式突破了以往先下单后配送的局限，使需要配送的牛奶能够更早地送达消费者，大幅缩短了配送时间，保证了牛奶的质量和新鲜度，提升了消费者的消费体验。

此外，借助 VR/AR 技术创建的虚拟货架，将现实仓库内的商品通过云平台呈现给消费者，实现商品的线上预览和订购。在此基础上，消费者的消费数据得到了扩充，商家对消费者需求的分析也更加准确，能够反过来指导虚拟货架呈现商品的品类、数量，使虚拟货架成为被广泛接纳的流量入口。

不过，尽管 5G 和大数据等技术能够分析和预测消费者的需求，但要想提高预测的精准度，还需要庞大的数据积累和长期的算法学习。

5G 在零售产品中的实践应用

智能家居

5G 与 AI 等技术的结合，不仅能够提升智能家居产品在各个应用场景中的智能化与互联化程度，而且有望推动智能家居产品成为零售领域新的流量入口。

智能冰箱能够实时感知每种食品的存量，并基于设定在数量不足时提醒消费者补货，如果在规定时间内消费者未做出响应，智能冰箱就可以自动下单补货，以保障消费者的生活需求；智能冰箱可以利用 AI 技术识别果蔬、肉类等食品的状态，辨别食品是否变质，并在 5G 的支持下将相关提醒实时反馈给消费者，便于消费者根据实际情况进行处理，若消费者在相应时间内未处理，智能冰箱则可以自动调节温度，防止变质食品对其他正常食品造成污染。

智能试衣间、"智能魔镜"等产品在为消费者带来衣物试穿功能的同时，还能够捕捉消费者的皮肤、身材、发型等信息，借助 AI 技术分析皮肤的情况，将结果呈现给消费者，并为消费者提供合理的护肤或美妆建议。在 5G 时代，智能试衣间、"智能魔镜"可能会成为新的零售入口。

可穿戴设备

一方面，5G 可以赋能智能可穿戴设备，为其注入更多的功能。例如，将 5G 应用于智能眼镜，能够帮助其更快、更精准地捕捉和展示数据；依托于 5G 的智能手环，能够在实时监测消费者身体健康状况的同时，根据收集的数据帮助消费者制定更合理的膳食结构，甚至在此基础上提供购物指南。

另一方面，智能可穿戴设备可以将收集的多维度消费者数据上传到云端，供零售商或品牌商参考，以便为消费者提供更加个性化和智能化的产品与服务。

5G 在零售体验中的实践应用

实际上，在零售涉及的各个层面中，消费者的体验感至关重要。零售体验虽然不是消费者购买的直接对象，但零售体验会直接影响消费者对商家或品牌的印象。5G 与零售行业的融合，能够从商品营销、商品展示等多个维度提升消费者的体验。

进店助手

在传统的零售模式中，消费者进行线下消费时，因找不到门店或找不到想要的商品而影响购物体验是一直以来困扰消费者和商家的问题。而随着数字化门店的落地，更多新型智能消费手段成为可能，消费者的购物体验也将获得极大提升。

在 5G 的支持下，当消费者有购物需求时，能够通过智能终端快速定位周围的店铺；然后，在相关的智能平台进行线上浏览，获得店铺内的商品陈设及价格等信息；最后，消费者可以在线上平台或实体门店输入需要的商品，使用 AR 设备准确定位到其在货架上的位置。

个性化营销

个性化营销也称为定制化营销，这种营销模式的重点是实现产品与消费者的高度匹配。但以往开展个性化营销的成本极高，企业无法大规模地推广，而 5G 时代的到来为实现个性化营销带来了无限可能。

借助数字技术实现个性化营销，电商平台比实体门店更有优势，落实得也更到位。实体门店若要实现个性化营销，则需要解决网络传输、所需成本及技术手段等方面的难题。而 5G、AI 等技术的深入应用，为实体门店实现网络互通、设备实时互联、数据实时共享奠定了基础，能够精准定位消费者的需求，从而推进个性化营销的落地。

以消费者身份的识别为例，零售行业的实体门店往往会配备大量的摄像头，这些摄像头可以采集消费者的相关数据并进行整理和分析。但由于摄像头位置、消费者移动轨迹等因素的影响，要准确识别消费者的身份具有一定的难度。而在 5G 的支持下，摄像头等信息采集设备可以实时、精准采集消费者的大量动态信息，并通过互联的智能设备实现数据实时共享，从而准确辨别消费者的身份。

在准确辨别消费者身份的前提下，摄像头能够为进店的消费者精准推送商品。此外，借助 AI 技术还能识别消费者购买的商品及消费者在某些商品前停留的时间，从而分析消费者的购物偏好，并将结果在同一品牌的不同门店进行分享。

互动虚拟直播

随着 VR/AR 技术的迅速发展与广泛应用，特别是实时渲染、动态捕捉等技术的应用，衍生出全新的虚拟 IP 产出模式，再加上虚拟主播的入驻，大幅提升了营销直播间的娱乐性。

虚拟主播在线下演出时，需要依赖动捕棚完成动作、表情等人类活动信息的传输，以实现虚拟主播神态自然、活灵活现的表演。在 4G 时代，动捕棚需要在演出场地后台临时搭建，非常耗费成本，而且对环境要求极高。在 5G 时代，依托超高速率、超低时延的 5G 网络，能够实现固定动捕棚内动作、表情及现场画面等信息的远程双向传输，不仅突破了地域和环境的束缚、节省了成本，而且实现了虚拟主播与观众的实时互动，同时还支持多角色同台演出与互动，以极低的成本为观众带来视觉盛宴。

随着 5G、AI 技术的持续发展和应用，未来，虚拟主播有望精确模仿真人的表达方式，并与观众互动，从而进一步提升观众的观看体验。

目前，虚拟主播在零售行业的应用场景正在不断扩展。例如，在无人门店内配置虚拟主播，该虚拟主播可以与消费者互动；在客服领域，虚拟主播不仅能够主动拨打服务电话、接听咨询电话，而且可以为消费者提供细致、快捷的服务，提升了消费者获得的服务体验，有效降低了客服工作人员的压力。

5G 在零售服务中的实践应用

在零售行业，消费者所购买的不仅是商品，还包括商品附带的服务。随着同质化商品越来越多，企业之间的竞争也日益激烈。企业除了要提升商品方面的竞争力，还要借助 5G 等新技术改善零售服务。

无人服务

数字时代的到来，使自动化技术逐渐得到普及。无人服务也在不断成熟，被越来越多的人接受和使用。而 5G 和 AI 作为其核心的关键技术，能够实现系统中数据的稳定、精准、高速传输，全面提升技术系统的自动化、智能化水平。零售行业在改革的过程中充分利用了自动化技术，衍生出无人配送、自动驾驶、智能服务机器人等应用场景，为消费者提供全天候的人性化服务。

借助自动化技术的无人门店在运营的过程中注重改善售前、售中、售后各个环节的服务。例如，智能传感器不仅能够实现店内全方位高清监控，还可以依托物联网技术进行数据融通，实现"以一带多"的运营模式，即一名店长远程操控多个无人门店，远程为消费者推荐合适的商品，让消费者获得个性化的服务。

无人配送

5G 赋能物流行业，将会推动无人车、无人机配送落地，大幅提升配送的效率，降低配送成本，实现物流配送服务质的飞跃。基于 5G 的智能传感器不仅能对物流配送全流程进行实时、全面的监控，而且全网互联的功能可以保障物品的安全。

基于可观、可控的配送全流程，无人配送已经衍生出一系列新型应用场景，例如半成品运输"最后一公里"加工等，实际应用中以炸鸡等小食品为例，在消费者下单后，商家将炸鸡材料做成半成品后投入配送，在距离目的地较近时，无人配送设备将半成品加工成熟，这样，消费者收到的食品是口感最佳的状态。

第二部分

AI 零售革命

第 ④ 章

AI 零售：数据智能驱动的零售变革

AI 的三大核心驱动力

早期的 AI 研究在抽象符号的基础上进行大量的逻辑推理，例如，知识推理、数学证明、专家系统等形式化方法在人机交互中的大量应用。但当时的计算机运算速度较低，难以为 AI 的发展提供足够的支持，因此早期的 AI 研究在经历一段快速发展期后陷入沉寂。

20 世纪 80 年代，AI 迎来新一轮快速发展期。抽象符号被科学的概率统计模型取代，机器翻译与语言识别发展取得较大突破，人工神经网络在模式识别等应用场景中的价值得到了充分证明。然而，由于当时的数据量有限，测试环境也不够完善，AI 的发展仅处于理论阶段，实用价值挖掘方面存在较大空白。

深度学习技术被广泛应用后，AI 迎来了第三次快速发展期。2010—2017 年举办的 ImageNet 大规模视觉识别挑战赛（ILS-VRC）为图像识别技术的发展带来了巨大的推动力：2015 年，基于深度学习的 AI 算法在图像识别精度方面超过人眼识别；2017 年，ILS-VRC 完成历史使命，其单标签识别的核心问题已经不再是未来计算机视觉的主流方向，未来将会是多标签、像素级、语义级分析。

机器视觉研究的快速发展，使深度学习在语音识别、数据挖掘、自然语言处理等应用场景中的价值得到充分体现。如今，AI 更是被应用到自动驾驶、搜索引擎、机器人、智能助理、新闻撰写与推荐等领域。

AI 的目标是针对内外部环境进行实时的精准感知，并采取合理行动，以便得到最有利的结果。在图像识别、语音识别等应用场景中，AI 设备需要具备一定的推理能力，而这种推理能力是建立在整合大量应用场景数据集的基础上的。AI 算法模型的效率与精准度可以通过数据分析训练来提升，经过大量训练后，应用该算法的机器能智能化地进行分析、判断并决策。

新理论、新方法、新模型的出现推动 AI 技术的发展：从基于抽象符号的理论研究到实际应用（例如，自动驾驶汽车的路况测试、无人机在物流领域的应用等）；从实验室内专家学者专属到被大众熟知。AI 技术发展的三大核心驱动力如图 4-1 所示。

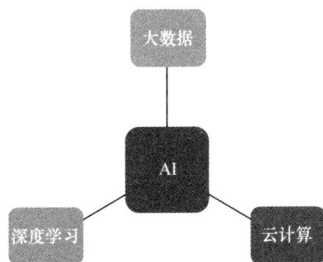

图 4-1 AI 技术发展的三大核心驱动力

（1）大数据

移动互联网和移动智能终端的快速推广，以及物联网、传感器等设备的广泛应用，大幅度提升了人类获取数据的规模、效率，也有效控制了成本，大数据技术步入高速发展的快车道。海量多源异构的应用场景数据是 AI 发展的重要基础，数据规模与质量对算法模型训练结果有直接影响，甚至有学者指出，AI 的竞争不在于算法本身，而在于数据。

大数据技术可以有效提高数据集的质量，实现数据存储优化及数据管理，从而更好地服务 AI 算法模型训练，在大数据技术的支撑下，机器学习、图像识别、自然语言处理等技术稳定发展，推动了 AI 服务的多元化。

（2）云计算

运算能力不足是 AI 早期发展过程中的一大阻力，云计算技术出现后，这一问题逐渐得到有效的解决。

云计算能够提供动态易扩展、虚拟化的资源，再加上芯片的发展，为 AI 实现大规模、高性能的并行运算奠定了基础，使运算速率与数据处理规模快速增长，大幅度提升了算法的执行效率与识别的精准性。

（3）深度学习

纵观 AI 的发展史，可以发现有两大具有重大意义的转折点：其一，通过 AI 研究方法与工具创新，由统计模型取代抽象符号，使 AI 发展迈向新篇章；其二，通过算法设计创新，基于深度学习的算法模型在效率、精准度、可拓展性等方面提高明显，打破了 AI 发展的算法局限。

深度学习概念是从人工神经网络研究中引申而来的。深度学习架构设计参考了人类大脑神经的结构，由多层非线性运算单元组成，每个单元获得一个输入值后，就会产生相应的输出值，并将该输出值传递至下游神经元。

为了保障海量复杂数据的处理效率与精准度，深度学习架构往往存在多个层次，而且每个层次存在大量单元。深度学习能够让机器进入自学习状态，能够自动化、智能化地完成模型构建等复杂活动，在具备丰富数据资源的数据库的支持下，不断自我学习，持续优化完善规则与模型，具有极高的识别精准性。

"AI+ 零售"的应用价值

进入互联网时代，我国实体门店的发展受到电商平台的巨大冲击，利润空间大幅缩减，在这种情况下，我国零售行业必须尽快找到新的发展驱动力。而借助 AI 等新技术为零售行业赋能，将有望推动我国零售行业打破目前的发展瓶颈期。

随着 5G、大数据、VR／AR、AI、物联网等新一代信息技术的迅猛发展，以及算力资源、消费者数据等规模的不断扩大，AI 已被应用于零售行业的价值链。

AI 在零售行业中的应用既重构了企业与消费者之间的关

系，推动了零售行业"人、货、场"要素的迭代，又革新了采集、分析、应用零售商品和消费者数据的模式。不过，"AI＋零售"还处于发展初期，未来，零售企业将不断强化数字基础设施建设，"AI＋零售"行业将会面临更广阔的发展前景，创造出更大的价值。

优化零售行业"人、货、场"的关系

在传统零售中，"人、货、场"三要素按照"消费者—生产商／经销商—零售商"的关系排列，各环节的参与方掌握的信息随着产业链流程进行交换，信息流转的效率低。零售行业的数字化转型则重构了"人、货、场"的关系，加快了信息流转速度，推动了信息流转方向的升级。

AI技术的应用加快了"人、货、场"关系的优化速度，强化了零售行业的数字化能力和数字价值挖掘能力，在柔性生产、供应链协同和搭建营销网状链路等方面发挥了重要作用。重构"人、货、场"的关系要利用信息环状流转结构，将经过数字化和智能分析的消费者信息传输给各环节的参与方，便于各参与方按市场需求调节商品的生产和流通。不仅如此，AI还不断为消费者带来全新的体验，推动零售行业产业链结构持续演变升级。

零售数据的多维度采集与智能决策

电商企业的互联网基因为其带来了天然的数据优势，而这也正是传统零售企业和品牌商的弱项。

机器视觉和语音识别等技术扩大了数据采集与分析的维度；机器学习和知识图谱等技术的应用则实现了从生产到消费的全链路数据智能分析。价值链中具有细颗粒度和实时性特点的数据流以业务场景为中心，以大数据、AI 等技术为分析手段，能够再造企业运营、供应链、生产制造、营销等流程，助力零售企业实现以数据为驱动的智能决策。

流量获取、价值挖掘与体验重塑

零售是企业生产的商品或提供的服务到达消费者端的最终环节。当零售行业的参与者越来越多时，卖方市场将逐渐向买方市场转变，而零售企业和品牌商则需要更加了解消费者，了解数字化管理与消费者的关系，这样才能在获取更多新用户的同时增强老用户的黏性，实现品牌价值的提升。

在利用 AI 技术进行流量获取、价值挖掘与体验重塑的过程中，企业可以利用机器学习和知识图谱等技术实时采集消费者在购物过程中的行为、互动过程等数据，并对这些数据进行分析，以满足消费者的不同需求。

另外，计算机视觉等技术也能在零售领域发挥作用，建议从促进企业与消费者的良性互动入手，创建新的零售形态、场景和模式，充分发挥实体门店的优势，优化消费者的购物体验，并深度挖掘流量的价值。

AI 赋能传统零售数字化转型

传统零售行业开启智能化变革

随着消费的持续升级，消费者需求不断细化，零售企业只有对消费者行为进行深入分析，才能明确其需求，为其提供个性化的商品与服务，带给其良好的消费体验，最终使实体门店焕发生机和活力。虽然部分传统零售企业认识到这一点，但是并没有采取相应的对策，而是依然固守传统的营销模式，例如，商品销售出去就意味着交易结束，销售员并不关心购买者是谁；商家不知道如何开展运营活动召回消费者；商家的广告投放非常随意，目标消费者触达率不理想。

AI 技术为传统零售企业改变这种局面提供了新思路与新方法。如今，云存储、云计算的应用范围不断拓宽，与此同时，以自动识别、智能传感为代表的 AI 技术也获得了快速发展。利用先进的技术手段，零售企业能够快速获取数据并进行高效的数据分析，据此实施业态变革。

数据智能显著，提升运营效能

从前，实体门店的选址、选货、运营管理依靠的是管理人员的经验，门店之间的经营业绩存在较大的差距。借助数字化、智能化的管理方式，实体门店有望实现标准化运营，减少对个体经验的依赖，降低不确定因素带来的运营风险。一方面，经营者可以进行中心化、智能化的统筹与决策；另一方面，单个实体门店的经营业绩也能实现大幅提升。例如，服装品牌门店使用的智能补货系统可以根据历史销售数据、环境因素拟定下次上新的商品列表，并在系统上展示，店长根据推荐结果，结合销售经验确定上新的品类与数量，生成订单，提交给总部。

未来，随着 AI 算法能力的持续增强，零售行业的全链路均可以实现数字化，门店可以根据线上和线下的商品销量进行精准预测，自动向供货方发出发货提醒，让智能决策、自动化执行覆盖更多环节。例如，线下超市在各种技术手段的支持下，原本需要人工决策或人工记录的场景极有可能被智能化自动决策替代。另外，为了提高运营效率、使各项资源实现优化配置，零售企业必须打通整个销售链路上的数据，让数据实现流通与共享。

在传统零售行业中，销售数据、库存数据等各类数据分散在品牌商、零售商、经销商等各个主体中，虽然它们都拥有自己的电子化数据体系，但相互之间信息流通不畅，而且因为人工记录、传递时延等，数据的很多功能难以被充分发挥。

未来，以产业级数据中台为基础，企业要对整个价值链条上的数据进行共享，企业的运营流程、供应链流程、生产制造流程需要重构,真正实现柔性生产与供给,降低商品的生产成本,提高商品的生产效率与效益。

技术赋能全新商业生态

零售企业要想利用 AI 技术实现智能变革，还需要变革自己的思维方式，以技术赋能全新的商业生态。各个零售企业智能变革的成果可以通过互联网输出，让企业级变革的影响力持续扩散，最终形成产业级变革，大幅提升整个产业的效能。

在智慧零售的商业生态中，如果某个品牌或零售企业已经拥有先进的技术能力与强大的商业基础，极有可能参与由智能商业中台技术赋能的数字化能力生态的构建，并成为其所在细分领域新一代智能零售网络的中心。

基于"AI+ 大数据"的智能化决策

零售行业本就是一个对市场反应速度极快的行业，会根据市场变化引入新理念、新技术，例如，阿里巴巴的"新零售"、京东的"无界零售"等均是在新理念和新技术的背景下产生的。

在数字技术席卷而来、数字化转型迫在眉睫的背景下，零售企业必须深挖数据流通的价值。要想实现"人、货、场"的关系重构，就要对所有环节进行数字化改造。发挥数据的基础作用，借助 AI 等新一代信息技术制定运营决策，真正实现传统零售的智能变革。

当前，不少企业的经营者仍依据主观经验制定决策。而要跟上时代发展的步伐，企业需要更多地参考并使用数据。另外，要利用 AI 技术深度挖掘数据中潜藏的价值，通过这种方式对决策流程进行数字化、智能化改造。企业在实施智能变革时，要从改善与消费者的关系入手，这是数字化转型的关键环节；要通过改革来加深消费者对品牌的理解，为他们提供高质量的服务，满足其内在的需求。此外，实体门店还要采取有效的方式提高整体的运营效率，例如，在库存管理环节应用智能技术、数字技术。

在完成数字化、智能化改造之后，供给方与需求方之间要搭建沟通桥梁，促进实体门店与消费者之间的有效对接，使实体门店的供给能够满足消费者的需求。为此，要发挥数据智能与网络协同的作用，提高实体门店供给的灵活性。

此外，在经历了数字化改造之后，企业运营管理的智能化水平将进一步提升，能够利用数据系统管理与数据分析，为管理者的决策制定提供参考，为调整品类结构提供有效的建议，提高管理者决策的准确性与科学性。在此基础上，企业可以利用先进的算法，逐步进行自动化补货，并实现整体的智能化运营。

实体门店在商品摆放和内容管理方面也能够利用大数据技术。例如，要遵守国家、行业的规范，确保包装袋上列出的商品成分与实际成分一致等。在这个环节，一些门店经营的商品种类十分丰富，难以采用人工统计的方式逐个检测，采用 AI 检索方式则可以解决这个问题，在强化成本控制的同时，还能提高运营的安全性。

总体来说，零售企业在进行成本控制的基础上，可以通过应用数字化、智能化手段解决传统运营过程中存在的问题，拓宽自身的发展道路。在传统模式下，零售企业与上下游企业之间并未实现信息共享，从市场上获取的信息在传递的过程中要经过许多中间环节，难以保证最终获得信息的准确性。在这种情况下，零售企业很难根据市场需求安排商品的设计与生产。

借助数字技术，零售企业能够及时了解市场需求，并据此进行商品的设计与研发、生产与制造，合理安排后期的商品运营，在这个过程中，零售企业还能快速获知市场变化，以此为参考更新与调整商品。来自产业链不同环节的行业从业者可以聚集到统一的网络平台上，形成良好的合作关系，并进行网络协同。在实现数据共享的前提下，网络协同能够加速整体运转。

在智慧零售的发展过程中，零售企业在实施内部协同时，可以实现产业级数据的整合应用，加速整体运转；零售企业可以实现各个部门间的数据共享，依靠智能技术提升效率。需要注意的是，在这个过程中，零售企业应该将库存及产能数据提供给产业链上其他环节的合作者，优化各个环节的运营，实现整体效率的提升，最终实现多方共赢。

第 5 章

应用场景："AI+ 零售"的实践路径

智能化门店选址与活动促销

AI 技术在门店选址、营销活动策划等方面具有广阔的应用前景。过去，实体门店的选址、门店规模的确定、商品品类的选择等主要基于已有的经验。如今，随着 AI 技术与零售行业的融合，门店的选址、门店规模的确定等都可以使用算法进行智能决策，这彻底颠覆了传统实体门店的运营模式。例如，如果商家计划开一家咖啡店，在设定完相关条件后，通过 AI 技术，能够自动计算出附近咖啡店对应的是哪些消费群体、其中有多少是门店目标消费群体等。

传统的分析模型一次只能分析少量指标，但机器学习可在同一时间对涉及的所有指标进行综合分析，并找到这些指标间的关系，这一点正是传统分析方法无法做到的。也就是说，在指标分析方面，机器学习不仅增加了指标分析的数量，还提升了指标分析的准确度和使用价值。

AI 技术不仅能通过分析海量数据找出内在的发展规律，还能利用随机森林模型预测未来的数据，为零售企业提供具有参考价值的计算结果，例如，消费者群体的规模、商品的潜在销量等。除了可以进行智能预测，AI 技术还可以辅助商家制定当期商品的促销策略，例如，哪些商品的销售情况比较好、促销期间需要准备多少货物等。

此外，AI 技术还可以应用于智能选品，即对当前商品的品类结构进行智能化诊断，优化配置品类资源，实现商品的新旧更迭，做好商品全生命周期的智能管理。同时，AI 技术通过分析商品特性、活动促销等数据，可以指导商家备货，有效减轻库存压力。

在电商领域，京东已经可以利用数据预测单个商品未来一段时间的销量，并指导各仓库有针对性地备货。同时，京东、淘宝等电商平台还可以根据消费者的浏览行为、购买记录等信息，对其进行个性化推荐，使消费者需求与商品供给相匹配，从而提高商品的成交量。

VR 技术下的购物新体验

如今，通过电视、户外媒体、杂志等传统媒体的渠道和营销方式，品牌商往往难以将复杂的内容与品牌特性完整地呈现给消费者。但借助 VR 技术，品牌商可以更加生动、直观地展示自己的内容与品牌特性，带给消费者多元化、个性化的购物体验，例如，向其解释所使用的复杂技术与工艺；邀请其远程体验商品的生产流程等。

简单来说，利用 VR 技术，消费者可以和虚拟世界中的人与物进行交互，将现实生活场景虚拟化。例如，在选购家具时，消费者无须再因家具的尺寸、颜色难以做出购买决策，只需要佩戴 VR 眼镜，便可以直观地"看到"家具摆放在家里的效果，并可以根据自己的喜好进行调整。

线上购物虽然得到了快速发展，但却有一个非常影响购物体验的因素，即消费者不能亲自试用、试穿，尤其是服装、配饰等商品，消费者很难确定哪个款式、哪个颜色更适合自己，经常会因为买到不合适的商品而退换货。为解决这个问题，有些商家推出了智能试衣镜功能。智能试衣镜示例如图 5-1 所示。

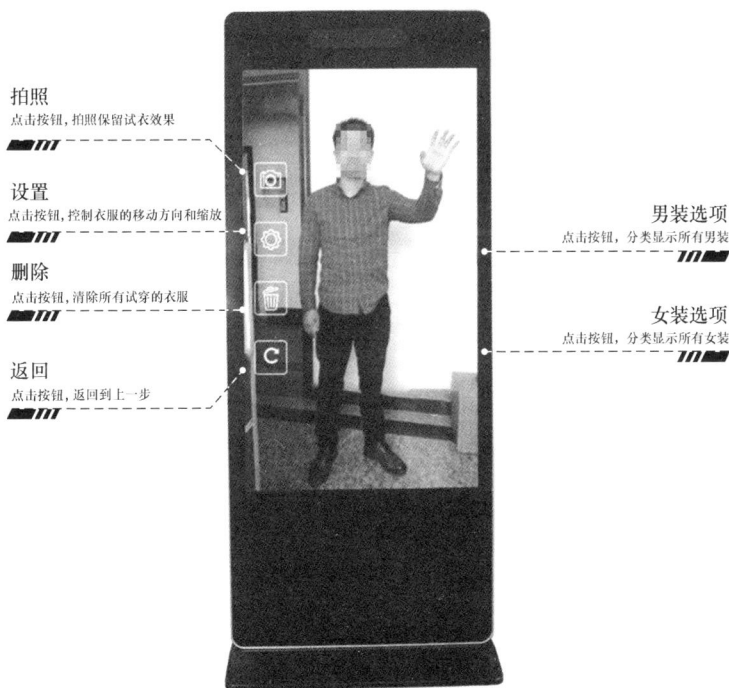

拍照
点击按钮，拍照保留试衣效果

设置
点击按钮，控制衣服的移动方向和缩放

删除
点击按钮，清除所有试穿的衣服

返回
点击按钮，返回到上一步

男装选项
点击按钮，分类显示所有男装

女装选项
点击按钮，分类显示所有女装

图 5-1　智能试衣镜示例

智能试衣镜是 AI、VR/AR 等技术的集合体，可以实现对消费者面部、体型、动作等信息的精准动态识别，支持消费者调节镜子灯光亮度、浏览虚拟货架、试穿各种服装，以及付款结算等操作。消费者可以 360 度查看呈现效果，并可以进行多次尝试，直到买到适合自己的服装。此外，智能试衣镜还会向消费者进行个性化推荐。例如，购买上衣的消费者，会收到鞋子、皮带等商品的推荐信息。消费者可以自由搭配服装及配饰。

除智能试衣镜外，智能试衣间是另一个借助 VR 技术提升消费者购物体验的应用。智能试衣间内配备了具备触屏功能的镜子，以及可调整亮度和颜色的灯光设备，可以帮助消费者选择适合个人需求、契合不同生活场景的服装。当消费者进入门店后，可以直接通过智能试衣间来选购服装，确定想要试穿的服装后，可以通过镜子向导购发送试穿申请，然后导购会将服装送到试衣间，消费者可以通过调整灯光的亮度和颜色来模拟真实的生活场景，同时，镜子会自动扫描服装上的电子标签，从而为消费者提供专业建议。

如果消费者对试穿的服装不满意，还可以通过镜子向导购发送更换其他款式服装的申请。挑选到合适的服装后，消费者可以直接在试衣间内完成付款，之后由导购打包后即可带走，节省了排队付款的时间。智能试衣间的应用前景在于它能够丰富消费者的试衣体验。未来，随着技术的不断成熟，智能试衣间甚至能够还原消费者的生活场景，从而让消费者找到可以充

分满足自己要求的服装，这对于提高消费者的复购率也有十分
积极的影响。

目前，VR 技术已经可以与 AI 技术相融合，使系统内的数
据实现互联互通。在 VR 技术的作用下，一个交互式的三维购
物场景得以构建，能够带给消费者极尽真实的沉浸式购物体验，
增强消费者与商品、品牌商的互动。

当然，任何一种技术都不能完美地解决所有问题，AI 技术
与 VR 技术也是如此。虽然这样的融合有望改变零售行业现有
的运营模式，但要想推动整个零售业态实现变革，还需要真正
立足消费者需求，以服务消费者为核心，以零售行业的本质为
切入点，从不同层面着手解决行业痛点。

仓储物流机器人的应用

目前，在零售行业的整个运营过程中，仓储物流机器人已
经可以承担多项工作，例如清洁、货物打包、仓库管理、车辆
驾驶等，这些是 AI 技术在零售行业的重要应用场景。

在智能仓储与物流领域，RFID 技术的应用，便于商品在
流通过程中被识别、读写，为仓储、分拣、盘点等流程提供
了极大的便利。目前，阿里巴巴、京东等零售企业已经利用
RFID、AI 等技术创建了无人分拣系统，由机器进行识别、分拣，
并将经过分拣的商品放到传送带上进行打包、发货。与此同时，
该领域还引入了物联网、大数据等技术，使预测、采购、补货、

分仓等环节实现自动化流转，根据需求实时调整库存，实现发货及库存的自动化、精准化管理。

在图书、快消品等零售领域，因为存货的数量比较庞大，而个体能够负责的存货数量有一定限度，所以如果完全使用人力管理，企业则需要承担高昂的人工成本。而 AI 技术的应用可以大幅提高采购效率，使选品、计划、定价、库存等环节实现自动化，而且，AI 技术可以基于对消费者需求的分析，将商品匹配到距离消费者最近的仓库，尽量减少区域间的调拨与区域内仓库间的调拨，最大限度地降低了商品的调拨成本。

物流机器人

物流是零售企业完成商品交付不可或缺的环节，如果对物流环节把控不好，会影响消费者的购物体验，而物流机器人有望解决这个问题。目前，物流企业、电商、机器人研发企业和一些新兴的创业企业都在积极地向物流机器人领域发力。

商品管理机器人

商品管理机器人的出现能很好地解决传统零售领域中，商品管理对人依赖度较高的问题。

以科技公司 Simbe Robotics 公司推出的商品管理机器人——Tally 为例。Tally 应用了图像识别和传感器扫描定位技术，能够自动识别商品信息，在发现商品信息错误或摆放位置错误时，能够及时提醒管理员；在缺货时，及时提醒管理员补货，并能够结合商品的销售情况，为零售企业及供应商提供决策支持。同时，Tally 可以帮助零售企业实时获取商品库存的信息，以及门店经营动态的信息，实现对门店的可视化管理。

库存盘点机器人

库存盘点机器人能够大幅减轻库存管理员的工作负担。

以德国 MetraLabs 公司推出的基于 RFID 技术的机器人——Tory 为例，Tory 在库存盘点方面表现出颇为良好的状态，它可以利用传感器导航，并扫描商品的电子标签来盘点库存。

另外，在优化后端的供应链方面，AI 技术也有着广阔的应用前景。从前，采购人员采购商品，要先进行实地考察，结合门店的销售数据确定采购商品的数量。而现在，在 AI 技术的辅助下，采购人员可以通过各种渠道获取天气预报、门店销售量、交通等多方面的信息，进而指导和优化商品组合，实现线上采购，采购之后再由物流部门自动配货和销售。

智慧导购与客服的应用

在零售行业向数字化、自动化、智能化转型的过程中，智慧客服也得到了升级。智慧客服的推广应用，不仅提高了解决问题的效率，还有效缓解了人工客服的工作压力。

如今，智能客服通过自然语言处理等技术，可以同时应对千万数量级的商家和消费者。此外，智能客服也能回复一些比较复杂的问题，例如，为消费者提供订单修改、退换货等服务，根据消费者信息为其推荐个性化的商品，让消费者享受更优质的购物体验。

2017 年，阿里巴巴的"店小蜜"正式上线，这是一款面向广大淘宝商家的智能客服。商家可使用"店小蜜"代替部分人工客服的工作，减少人工客服的工作量。上线之初，"店小蜜"的主要功能是帮助消费者解决退换货、退款等方面的问题，以及处理消费者纠纷等，使平台问题解决的途径更加畅通，极大地提高了解决问题的效率。现在，"店小蜜"的功能已经更加丰富，可以充当消费者的私人助理，有针对性地为其提供服务，为消费者带来全新的购物体验。

与线上智能客服相同，实体门店的智能客服的相关技术也得到了明显进步。随着感应设备、识别设备的不断更迭，语音导购、机器人导购相继出现。目前，很多商家都推出了智能语音音箱，这些商品已经具备深度学习功能，可与消费者进行语音交互。

客服机器人

社交经济时代，客服对零售企业尤其是电商的作用越来越关键，人工客服的成本较高，为企业的降本增效带来了一定的阻力，而如果用机器人客服取代人工客服，则可以有效解决这一问题。

以 IBM Watson 在线客服项目为例，该项目计划研发一种能够利用自然语言处理、人机交互、文字识别、语音识别等技术，实时处理消费者咨询、投诉的在线客服机器人。该款机器人不仅可以为消费者解决问题，还能感知其情绪，例如，当感知到消费者情绪低落时，通过讲笑话、唱歌等方式向其传递快乐。

谷歌、微软、百度等企业也进行了类似的发展布局，事实上，智能客服已经在电商中得到了广泛应用，只不过大部分智能客服具备的功能仍然比较有限，即便如此，其也在一定程度上减轻了人工客服的工作负担。

导购机器人

由于能够感知人类的情绪，软银 Pepper 机器人被用于促进商品销售。Pepper 曾经销售过咖啡机、智能手机等商品。

美国装饰材料零售企业劳氏（Lowe's）在洛杉矶建立了创新实验室，并和机器人创业公司——Fellow Robots 达成战略合作，相继推出了劳氏 Holoroom 家装模拟器与 OSHbot 机器人：

Holoroom 家装模拟器可以模拟家装场景，帮助消费者进行科学决策；OSHbot 机器人主要用于和消费者沟通，帮助消费者找到商品所在的位置。

目前，AI 技术的水平仍有待提升，机器人销售员的智能水平是比较有限的。例如，识别的精准度较低，Pepper 可能将一款录音笔看成牙膏；人机交互能力不足，在较为嘈杂的环境中，Pepper 难以和人进行正常的交流。

基于智慧零售服务的解决方案

新技术与新模式的涌现，使零售业态越来越多元化，但以消费者为中心，专注于为消费者创造价值应该是所有零售企业永恒的追求，这也提醒所有的零售企业都应该从消费者的需求出发，结合商品、服务、消费场景等多个维度创新服务模式，尽可能为消费者提供"一站式"的购物解决方案。

（1）智能搜索及管理联动

智能搜索与管理联动的实现很大程度上得益于 Hadoop（大数据智能分析）、3D 地图、Hive（数据仓库）、数据可视化、iBeacon 等技术的发展，智能搜索及管理联动对零售企业的库存管理、品类管理等具有重要的价值。

（2）智能推荐

电商平台利用视觉过滤技术分析消费者偏好，在积累足够的样本数据后建立商品智能推荐模型。在实践中，电商平台可以邀请消费者参与在线小游戏，获取消费者偏好，最终生成智能推荐模型，在消费者登录购物平台时，系统将会自动向其进行个性化推荐。目前，淘宝、天猫、京东等主流电商平台均采用了智能推荐技术。

（3）虚拟商品墙

对消费者来说，在实体门店购物最烦琐的事情就是搜索心仪的商品。为解决这一问题，实体门店可以引入 AI 技术，打造店内广告与虚拟商品墙，颠覆传统的信息搜索形式。虚拟商品墙可以展示商品，让消费者大致了解店内的商品信息。如果消费者要搜索，或者收藏、购买商品，则可以面向虚拟商品墙做出相应的手势。

另外，有些实体门店还将虚拟商品墙做成橱窗展示，以此吸引消费者。同时，即使在歇业期间，消费者也可以通过触控墙下单购物，这不仅给消费者浏览、购买商品提供了便利，还能够在某种程度上实现 24 小时营业，增加店铺的收益。

在数字标牌领域，英特尔与阿迪达斯联合研发的虚拟扩展范围搜索引擎——运动鞋墙（adiVERSE），可以让消费者 360 度欣赏鞋子，并进行放大、旋转图片等操作，还可以让消费者进行虚拟试穿，当找到合适的鞋子后，消费者可以在线购买，并享受送货上门的服务。

（4）智能支付

移动支付技术的快速发展，为自助支付在零售领域的应用奠定了坚实基础。具体到实体门店，自助收银机通常会为消费者提供文字、图片、语音等多种形式的指导，支持使用银行卡、扫描二维码、脸部识别等多种付款方式。

（5）智能比价

线下实体门店和线上购物平台越来越多，消费者进行购物时难免需要"货比三家"，尤其针对同一品牌的同种商品，消费者往往需要对比不同门店和平台的售价，而智能比价应用就为消费者提供了极大的便利。

沃尔玛曾推出了比价工具——Savings Catcher。最初，Savings Catcher 仅支持消费者对沃尔玛中在售的商品和其他网站进行比价，在沃尔玛实体门店购物时，如果扫描二维码后发现该商品在其他网站有更低的价格，沃尔玛将会退给消费者差价（差价将以电子礼品卡的形式退还给消费者，没有使用时间限制）。

Savings Catcher 受到了消费者的广泛好评，沃尔玛开始尝试在更大的范围内推广该工具，并将其作为一项新功能嵌入沃尔玛 App。但是，出于对成本控制方面的考虑，沃尔玛没有将电商渠道的商品、自营商品、熟食、糕点、肉禽蛋纳入比价范围。

第 6 章
无人零售：基于 AIoT 的零售新物种

5G+AIoT 驱动的无人零售模式

5G、AI、VR/AR、大数据、物联网、云计算等技术在零售领域的应用对零售行业的变革起着至关重要的作用。零售企业通过大数据技术采集、分析消费者的行为数据，并根据分析结果制定精准的营销策略；通过云计算技术串联各个网点之间的数据，以较低的成本为供应端、零售端提供解决方案；借助物联网技术，线上线下网点可以实现快速联动、相互协作，生产端、销售端、物流端可实现无缝对接；借助 VR/AR 技术，可以创造近乎真实的消费场景，带给消费者逼真的虚拟体验，辅助消费者做出购买决策。

一直以来，零售行业都擅长利用新技术满足各类需求，例如，使用 POS 机、条形码、RFID 技术、机器人等，以及发展线上购物、重构 O2O 模式。在这些实践中，AI 技术的应用是核心动力，其以智能化的方式将所有技术相融合，致力于优化消费者的消费体验，助力企业实现更高的营销目标。

AI 技术的快速发展及其在零售领域的应用，极有可能促使零售行业实现智能化转变，推动零售产业实现转型升级。无人门店是 AI 技术最主要的探索领域，也是 AI 技术集成应用的典型代表。

在无人门店领域，Amazon Go 是"第一个吃螃蟹的人"，Amazon Go 利用 RFID 技术，在每件商品上粘贴电子标签，以实现商品的自动结算。此外，为了带给消费者更好的购物体验，Amazon Go 还在门店内安装了监控系统与语音智能应用，并配备了远程客服等。未来，Amazon Go 将引入更多新技术，例如，人脸识别技术、动态货架、智能商品识别技术、动作识别防盗系统等，引领便利店行业全面进入无人时代。

以福建便利店行业的龙头企业——见福便利店为例，其与微软 CRM 合作推出的人脸识别支付系统应用于旗下的无人便利店，该系统的应用分为以下 4 步。

- 消费者进入便利店后，人脸识别系统立即锁定消费者，并围绕消费者生成一系列数据，形成一个以消费者为核心的大数据群。
- 消费者在选购商品时，系统会根据消费者的选购行为，通过鱼眼制作热点图分析消费者的喜好。
- 在支付环节，收银台上的摄像头再次对消费者进行人脸识别，消费者可以通过人脸识别进行结算。

● Microsoft Azure 技术可收集 12 个脸部数据，通过分析消费者离店时的表情，判断消费者的购物满意度，从而调整商品及服务的策略。

未来，在无人门店中，消费者进店、离店、选购商品等环节都有望实现智能化。例如，消费者进入门店，摄像头会自动对消费者身份进行识别；在消费者选购商品的过程中，门店内的摄像头、传感器等信息识别装置采集、分析消费者的行为；消费者将商品放入购物车后，购物车的感应系统会自动计算价格；结账时，消费者通过人脸识别或借助支付手势就能自动完成结算，无须排队等待。

无人零售的主流业态与模式

无人零售的三种业态

无人零售是指借助新技术而非人工为消费者提供更高效、更优质的购物体验。近年来，在新技术发展的带动下，我国无人零售市场呈现良好的发展态势。目前，我国无人零售市场以自动售货机、无人门店和无人货架 3 种业态为主。

（1）自动售货机

自动售货机是无人零售的最初模式，它能根据消费者选择的商品和支付的金额自动出货，例如，我国的友宝自动售货机。

自动售货机主要服务于具有即时消费需求的消费者，所出售的商品以零食、饮料等为主，通常设置在机场、校园、工厂、医院、地铁站等人流量较大的场所。

（2）无人门店（即实体门店的技术升级）

在实体门店中融入物联网、AI、电子监控等新技术，基本上可实现无人经营，提高运营效率，优化消费者的购物体验。

2017年，阿里巴巴推出的无人门店"淘咖啡"在淘宝造物节上正式亮相。"淘咖啡"是综合购物和餐饮两项消费功能的无人门店，占地约200平方米，可容纳50人同时购物。消费者可使用手机淘宝App扫码通过闸机进行购物，离店时则要经过两道"结算门"：第一道门用于感应消费者的离店需求，能够自动开启；第二道门在结算扣款后才会自动打开，提示器也会提示消费者的消费情况。

（3）无人货架

随着近年来"共享经济"和"新零售"等概念的火爆，零售行业掀起无人货架的热潮。

无人货架的目标消费人群为上班族，消费场景定位在办公场所，售卖方式为消费者自取并扫码支付，售卖的商品通常包括零食、饮料等。与自动售货机相比，无人货架具有成本低、铺设便利等优势，但也存在货损率高、供应链水平低的缺陷。

底层逻辑：消费场景的全面数据化

无人零售一方面可以减少人工成本，另一方面利用先进的技术采集并分析客流、消费、商品、金融等数据，从而实现消费场景的全面数据化，进而推动整个零售产业链提质增效。消费场景的全面数据化如图 6-1 所示。

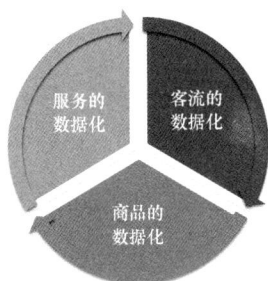

图 6-1　消费场景的全面数据化

（1）客流的数据化

零售企业可充分利用图像识别、语音识别等智能技术识别消费者，获取消费者的行为数据，并描绘出消费者画像，从而实现个性化的精准营销。零售企业还可以利用视频客流分析系统评估营销策划的效果，根据客流特点和营销效果重新制定营销方案，及时调整营销手段并落实相关的安排。

（2）商品的数据化

随着 RFID 芯片、二维码等物联网相关应用和机器识别等技术的发展和大规模应用，商品的陈列和定位逐渐走向数据化、精准化。

以智能衣架为例，其既能智能化推荐商品，也能采集并分析衣服的触摸率数据。对消费者来说，其通过智能衣架能够直接了解穿搭流行趋势等信息；对品牌来说，智能衣架的使用有助于确定下一季的服装设计方向。

以盘点机器人为例，商品数据化后可利用机器人在非营业时间高效自动盘点货物，并进行进货与存货的管理工作。

（3）服务的数据化

以智能试衣间为例，其能向消费者提供搭配建议，还能记录并分析消费者的选择、表情动态等信息，这不仅能促进连带销售，还能根据当前的潮流发展趋势对门店管理人员进行"进销存"的引导。

基于人脸识别技术的无人零售

在零售行业，人脸识别技术不仅被应用于门禁系统，还可以识别消费者的身份，应用在其他更"智慧"的方面。

智慧零售可为消费者提供自助购物、智能结算、自动推荐等一系列服务，通过机器视觉、深度学习等技术采集、分析数据，精准记录并匹配消费者的身份和习惯，并根据消费者的行为和喜好信息为其提供个性化的服务，然后将人脸识别技术与微信、支付宝、银联等支付方式相结合，从而建立起一个从感知消费者到预测消费行为再到人脸支付的完整闭环。

因为视频监控的使用范围越来越广泛，所以基于人脸识别的智能视频分析技术也在零售行业中有着越来越广泛的应用，例如，在商超的安全管理和业务管理方面，人脸识别等技术不但能通过分析消费者的表情、心理和行为，提升转化率，还可以为商品的安全提供技术保障。

人脸识别是利用摄像头采集人脸图像，再对人脸图像进行预处理并提取人脸的特征，以人脸特征为依据进行分析和比对，最终自动鉴别对象身份的一种生物识别技术，具有防伪、识别率高、不易被假冒、算法精度高、直观性突出等特点。安防监控市场中的安防网络相机实现的是二维人脸识别。但二维人脸识别的依据是人脸纹理在平面上的投影信息，当出现遮挡或光照变化等突发情况时，视频分析结果可能会不准确，降低了服务的稳定性和准确性，随着技术的不断发展，三维人脸识别迎来了发展应用的契机。

与二维人脸识别相比，三维人脸识别除了能获取二维人脸的信息，还能采集人脸的纹理、几何特征等人脸的全部信息，以及真实场景的深度信息，大幅降低光照、表情、角度等因素对识别结果造成的干扰，识别效果更好。

另外，三维人脸识别技术能通过计算采集的深度信息得出目标人物的大小、速度、方向等动态数据，实现重叠目标跟踪；还能借助互补的深度信息和 RGB 色彩模式的图像信息弥补二维人脸识别技术的不足，精准采集目标人物的身高、体貌，以及监控场景中的人物的轮廓和前后位置关系等信息，提高了识别的精确度。

由此可见，三维人脸识别技术实现了多维度数据的感知、防伪和防干扰，有利于提高支付的安全性，为无人零售的落地提供了技术保障。

另外，移动支付、机器视觉、电子标签等技术的进步和传感器、多路智能摄像头等高科技设备的应用，也极大地推动了无人零售的发展。目前，电子标签技术已发展到较为成熟的阶段，但人脸识别技术还有较大的发展空间，特别是三维人脸识别技术，因为缺乏全方位的深度突破，所以存在成本高、抗干扰性差、识别距离短等问题。

未来，机器视觉技术及其相关应用将会成为发展无人零售的关键一步，其能够通过融合多种传感器实现基于大数据的精准身份管控、轨迹行为分析预测和智能决策，进一步推动消费者身份和行为轨迹的数据化，助力零售行业实现创新发展。

RFID 技术在无人零售中的应用

无人零售的主流识别技术

（1）RFID 技术

每个附着在商品上的电子标签都具有唯一的电子编码，传感器能在消费者购买商品时识别该商品的电子标签，从而实现高效结算。但将电子标签作为信息存储媒介的 RFID 技术也有不足之处，如果标签出现破损或被撕毁，那么消费者可能不付款就能得到商品，这无疑会对商家造成损失。另外，为全部商品贴电子标签也会耗费一定的人力和财力。

（2）视觉传感器技术

视觉传感器技术集成了通信模块、视觉传感器、数字处理器等，能够监测消费者拿放商品的行为动作。目前，该技术在计算消费者行为动作的速度和准确度方面还存在不足，商品的大小、位置、角度等因素都会对其产生影响，且在商品品类上存在一定的识别局限性。

（3）重力传感器技术

重力传感器中往往包含敏感元件和转换元件，如果将重力传感器装配在货架上，那么可以根据取放商品产生的重量变化判断商品是否被取走。但若要实现这一功能，要实时精准感知重量的变化，就要时常校准和维护传感器，以保证传感器的灵敏度。另外，当商品重量相近时，传感器可能无法精准识别。

基于 RFID 技术的无人零售模式

当前，RFID 技术已经被应用于无人零售领域。依据相关频率的不同，RFID 技术可分为高频 RFID 技术和超高频 RFID 技术两大类，其中，超高频 RFID 技术的应用更广泛。

基于 RFID 技术的智能售货柜由货柜、二维码、远程服务器、RFID 读写器、本地主控系统等部分组成，一方面凭借无漏失盘点库存、适用各种商品介质、实时盘点侦测进出商品、开门自助购物体验等功能为零售商和消费者提供了巨大的便利；另一方面与微信、支付宝等App相结合，消费者可以享受免密支付、自动结算等服务。零售商实现了无人值守、常温销售和冷藏销售，如此一来，既降低了人力成本和管理成本，又提高了工作效率。

基于RFID技术的无人零售消费模式主要包括以下3种。

（1）预识别（身份）模式

简单来说，该模式是一种"先识别，后消费"的预识别消费模式，消费者要先扫描二维码完成身份识别，才能消费；若无法识别身份，就不能进行消费。

（2）免识别模式

采用免识别模式的无人门店通常配备门禁系统，消费者不需要经过身份识别，只开启物理开关就可进入店铺，但进门后，门禁系统会自动关门，取货后，只有完成支付后才会再次打开门。

（3）全开放模式

消费者可随意进出采用全开放模式的无人门店，这种无人门店利用RFID技术自动扫描商品上的电子标签并生成账单，消费者在扫码支付账单后方可出店。如果消费者未支付账单，无人门店配备的门禁系统会进行自动检测并立即报警。

全开放模式能实现多点购物结算，且便于门店改造。如果将免识别模式和预识别模式中的设备应用到全开放模式，并安排一些服务人员，那么将会为便利店和超市等创造出有人／无人相结合的全新零售模式。

　　与传统实体门店相比，无人门店不但不受营业时间的限制，还能够提升消费者的消费体验。大数据、云计算、RFID 等技术在零售行业的应用，创造出了极具个性化的服务模式和服务体验，促进了精准营销。目前，零售行业正随着科技的发展不断进步，零售行业的生态格局也即将被重构，对零售行业的从业者来说，企业转型迫在眉睫。

第三部分

全渠道运营

第 7 章
全渠道战略：实现线上线下深度融合

新零售驱动的全渠道模式

智慧零售的崛起，打破了传统零售企业和电商之间对立的局面，传统零售企业积极触网，电商则以自建或合作的形式开设实体门店。在这样的发展趋势下，为了让消费者的实时购物需求得到充分满足，零售企业要以消费者的体验为中心，充分运用移动互联网、大数据、云计算等新一代信息技术开展线上线下一体化运营。

基于此，智慧零售应该是一种零售行业变革，其创新基础是创新技术和大数据，变革核心是提升消费者的体验。过去几年，我国电商发展势头放缓，关注并挖掘线下渠道价值的企业越来越多，这种线上与线下的深度融合催生了全新的零售模式。

电商发展势头放缓的原因有两个：第一，宏观经济发展速度放缓；第二，在之前十多年的发展时间里，各消费品行业在电商领域高度渗透，目前，快速渗透阶段已经过去。同时，在这个过程中，消费者的购买行为也发生了很多变化，对零售行业的商品与服务提出了越来越高的要求。

与传统零售行业相比，电商发展取得了巨大的成就。例如，商品品类越来越丰富，消费者能随时随地购买到需要的商品；消费者体验感越来越好，因为线上信息的传递速度越来越快，所以各电商平台都在致力于为消费者提供送货上门及方便快捷的退换货服务。

在完成了"从无到有"这个体验过程之后，随着消费者的购物需求不断得到满足，"消费升级"也随之而来。在消费升级的环境下，消费者不再单纯地追求商品品质，而是开始追求商品与服务的个性化、多元化，追求舒适、美好的购物体验。在这种情况下，线下的深度体验就变得愈发重要。而且，线下渠道的价值不只体现在深度体验方面，还体现在网点供应链物流方面。与电商体系的仓配网络相比，线下的供应链物流网点可以更好地触及消费者，为物流配送"最后一公里"问题提供有效的解决方案。另外，线下网点能获取更多消费者的数据。

传统零售企业要补足线上短板，发力智慧零售；电商企业要积极布局实体门店，同时，要与完善的现代物流体系相结合。现代物流是智慧零售的一项基础设施，其竞争逻辑不是比拼运输速度，而是帮助零售企业消灭库存，实现低库存甚至零库存运营，这是物流企业在智慧零售时代实现自我价值的重要手段。

过去，很多传统零售企业陷入客流量严重下滑、经营成本持续攀升的发展困境，最关键的问题在于它们没有认识到零售行业的发展趋势，更没有为顺应这种趋势在业务流程、供应链管理等方面做出有效调整。电商能将商品浏览、商品购买、售后评价、退换货等流程串联并形成闭环，但这个闭环只容纳了消费者的部分信息，消费者的更多信息则集中在线下。因此，零售行业要想绘制出更精准、更全面的消费者画像，就必须获取、分析消费者在线下网点的数据。

新媒体时代，信息不对称局面被打破，产能过剩与同质竞争使消费者掌握了交易的主导权，他们可以随时随地选择商品。只有满足消费者的需求，零售企业才能从激烈的市场竞争中脱颖而出。在全渠道模式下，消费者可以从 A 渠道选择商品，通过 B 渠道体验商品，然后通过 C 渠道下单支付。这就意味着，零售企业不但要多渠道布局，更要使各渠道进行对接、融合，实现渠道一体化，让商流、物流、资金流、信息流在各渠道之间做到自由、高效地流通，同时，利用各种媒体渠道给予消费者全方位的购买刺激。

打造无缝化的便捷购物体验

零售渠道的演变大致可概括为 4 个阶段：实体门店阶段、电商阶段、多渠道阶段、全渠道阶段，如图 7-1 所示。

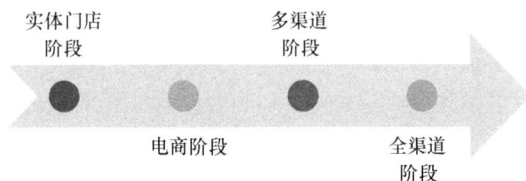

图 7-1　零售渠道的 4 个演变阶段

（1）实体门店阶段

实体门店阶段的典型代表有超市、便利店、专卖店、百货商场、购物中心等，采用坐店待客的经营模式。

（2）电商阶段

互联网时代，网店快速崛起，凭借规模化、品类丰富、经营成本较低等优势吸引了大量商家，催生了亚马逊、京东、阿里巴巴等电商巨头。不过，传统电商更多的是将线下商品转移到线上。例如，C2C[1] 模式的淘宝网将传统的"集贸市场"转移到线上；B2C[2] 模式的天猫将传统的"百货商场"转移到线上等。

（3）多渠道阶段

移动互联网的快速发展使零售渠道步入多渠道阶段，苏宁、国美、阿里巴巴、京东等单一业态的零售企业及时转变经营模式，开始布局实体门店、官方商城、购物 App 等多种渠道，利用传统媒体与新媒体给予消费者全方位的商品信息。为了加强渠道之间的协同联动作用，跨渠道模式得到了零售企业的青睐。

（4）全渠道阶段

多渠道、跨渠道的兴起为不同渠道相互融合的全渠道模式的落地奠定了坚实的基础，是企业为了适应消费者需求与消费行为变化而做出的改变。全渠道零售追求的是为消费者创造无缝式体验，通过差异化的渠道向消费者提供优质的商品与服务，

1　消费者之间通过互联网进行交易。
2　企业向消费者通过互联网提供商品或服务。

输出同种风格的内容进行品牌建设，借助移动互联网、物联网等技术随时随地与消费者进行实时交互。

下面，我们通过对以下两个购物场景的描述，来理解全渠道零售给消费者带来的极致体验。

【场景1】热衷时尚潮流商品的王女士和朋友逛街时看到一位女士穿着一件非常漂亮的外套。首先，王女士通过 VR 眼镜对这款外套进行拍照扫描，获取了该外套的价格、品牌、材质等详细信息。然后，她通过智能手机找到了附近销售同款外套的商家，并获得库存信息、配送信息等。接着，王女士利用手机上的试穿 App，将模拟试穿效果图分享在社交平台上，几分钟后就收到了多位好友、同事的好评。于是，王女士决定通过手机在线下单并让商家送货上门。收到商品后，王女士又在社交平台上分享了自己的实际穿着体验。

【场景2】张女士进入一家购物中心的皮包品牌店，品牌店门口的人脸识别系统对其进行精准识别后，立即从数据库中调取了其购买记录等信息，并将信息发送至导购 A 的手持平板电脑上，提醒导购 A 接待张女士的重点事项。导购 A 结合平板电脑上的信息，向张女士推荐了她可能感兴趣的商品，并告知如果现在购买将享受一定的折扣，同时将获得一些赠品。张女士通过实际体验后，决定购买某款皮包，不过为了避免排队，她将智能手机接入门店的免费 Wi-Fi，领取了一张代金券后进行在线支付。与此同时，张女士此次在门店中的购物信息也被存储到了门店的数据库中。

场景 1 向我们展示了消费者通过 VR、智能手机等移动终端实现随时随地购物；场景 2 则体现了实体门店利用大数据进行精准推荐，消费者线上下单并完成支付。两个场景的共同点在于线上线下一体化运营让消费者实现全渠道零售体验。

全渠道零售创造价值的关键点在于方便消费者在实体门店、官方商城、购物 App、电商平台等渠道获得一致的购物体验，以消费者为导向，通过多种手段和消费者建立强有力的连接关系，其特征表现为社交化、本地化、移动化、个性化。

从消费者的视角分析，全渠道是提供"7×24"小时无边界、无缝化的购物体验；从零售企业的视角分析，全渠道是以消费者为导向，借助计算机技术、信息通信技术推进渠道一体化，在线上线下及移动端为消费者提供一致的商品、服务与价值。

企业实施全渠道战略的障碍因素

传统零售企业在实施全渠道战略的过程中，面临着很多问题与挑战。概括来说，企业实施全渠道战略的障碍主要体现在外部环境障碍与内部环境障碍两个方面，如图 7-2 所示。

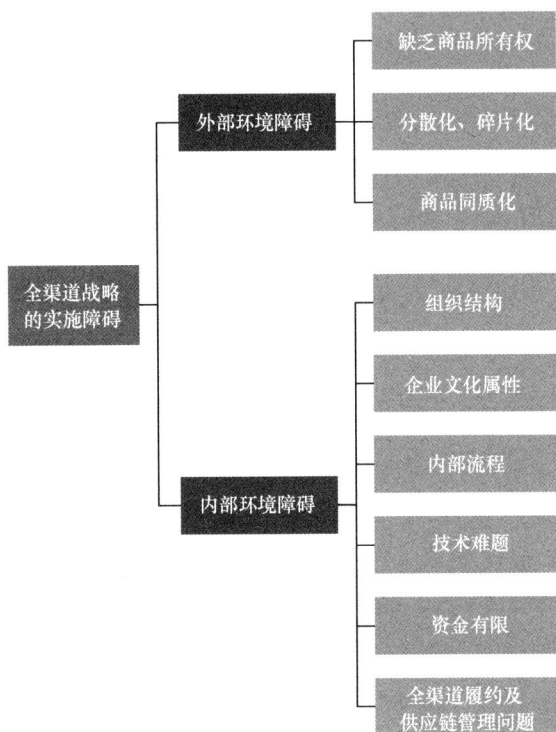

图 7-2　企业实施全渠道战略的障碍

外部环境障碍

我国零售行业中的企业在实施全渠道战略时，会面临外部环境带来的障碍，具体如下。

● 大型百货商场等零售企业的主要收入和利润来源是租金与销售返点，如果向全渠道转型，面临的最大问题就是缺乏商品所有权、没有自营商品、不能进行品控，自然也就难以对接消费者需求，更不用说通过全渠道布局给消费者创造无缝式的体验。

- 虽然我国各个行业均不缺大型企业，但是仍然以中小企业为主，零售行业也是如此，而太过碎片化、分散化的中小型零售企业往往难以支撑全渠道战略转型所需的高昂成本。

- 很多大型零售企业属于区域型零售企业，其商品品类有限，面临的同质化问题严重，通常缺乏有较强影响力的品牌。如果花费大量资金自建电商平台，一方面，可能面临引流成本高昂、交易量较低等问题；另一方面，则需要应对电商巨头导致的行业垄断。

内部环境障碍

除了外部环境因素的制约，我国零售企业向全渠道转型面临的内部环境障碍更不容忽视，例如，部门间的"孤岛"效应，数字化水平较低，售后服务不完善，各渠道绩效统计方法缺失，企业组织结构、文化与流程变革困难等。

（1）组织结构

零售企业想要开展全渠道布局,应该重构自身的组织结构,按照全渠道发展的要求明确各部门及岗位的权责，制定系统的战略规划，进行科学合理的预算分配。但是，规模较大、发展相对成熟的零售企业已经形成了相对复杂的组织结构，重构难度极高。

（2）企业文化属性

企业在长期发展过程中会逐渐形成自己的文化属性，其中，创始人及高层管理者对企业文化属性的影响尤为深远，甚至有的创始人在企业发展初期提出的口号会被逐渐内化为企业文化，随着市场的发展，可能这种口号已无法适应当今的市场环境。

同时，不同部门的员工通常已经形成各自的工作流程与方式方法，但动态变化的消费需求与市场环境要求零售企业通过组建各种跨部门团队解决问题，而来自不同部门的员工往往无法快速适应彼此的工作方式与方法。

（3）内部流程

在实施全渠道战略的过程中，企业要改造内部流程，回归以消费者为中心的商业本质，但内部流程改造成本与难度较高。对此，零售企业需要引入 CRM 工具整合线上线下的数据，引入库存管理工具，实时更新库存信息，运用大数据分析工具开展定制营销等，而这就必然需要零售企业投入大量的时间与精力。

（4）技术难题

很多零售企业的员工并非技术人员，无法为企业开发强大的软件技术平台，库存管理工作也无法做到安全的透明化、可视化，难以帮助企业实现线上线下一体化运营。

（5）资金有限

实施全渠道战略是一项庞大而复杂的系统工程，需要长期投入大量人力、物力。生存状况堪忧的中小型零售企业显然无力承担高昂的改造升级成本，有实力的大型零售企业则可能因为担心投资回报率较低而难以下定改造升级的决心。

大部分成熟企业进行转型升级往往是形势所迫，因此，它们会等待新模式被市场验证后再引入，虽然这种做法的风险较低，但是也可能会丧失很多发展机遇。

（6）全渠道履约及供应链管理问题

想让消费者能够随时随地购买，零售企业需要具备全渠道履约能力，并减少库存积压。传统零售企业的履约是依托实体门店进行的，而在电商崛起之后，商家要进行跨渠道履约，履约的效率下降、成本提升，而且还要解决物流问题。

怎样履约、如何管理库存、商品流动由谁控制、如何协调不同渠道间的利益分配等诸多问题的解决，都需要零售企业、物流企业从供应链运行的角度重构供应链。

全渠道战略的落地路径

如今，全渠道战略已经成为零售行业发展方向的共识，很多传统零售企业投入大量资源或建立官方商城或入驻电商平台或开发购物 App，以期补足线上的短板；电商则以自建或加盟的方式开设实体门店、体验中心等。以苏宁、国美、小米、网易严选等为代表的行业探索者更是打造出了独特的零售模式。

打通各渠道壁垒，实现全方位布局

从单一渠道向多渠道、全渠道转变，成为国内零售企业的主要转型路径，全品类、全渠道营销更是备受推崇。面对外部环境的变化，传统零售企业需要将线上渠道与线下渠道的运营相结合。

具体而言，零售企业要以消费者需求为核心，充分发挥实体经营的资源优势，在计算机端、移动终端、社交媒体平台等进行全方位布局，利用大数据计算与分析技术提取数据资源中潜藏的价值，提高营销的针对性，在了解市场需求新特点的基础上，对接消费者的个性化需求。

建设高效、完善的物流配送体系

实施全渠道战略离不开物流体系的支撑。现阶段，我国一些规模较大的连锁零售企业已经打造了自己的物流配送体系，尽管这类配送体系优化了企业的基础设施，但依然使企业面临运营效率低下的局面，企业整体运营的信息化、标准化程度较低，各个环节之间的协同运营能力也比较低，难以及时响应消费者的需求，导致整个供应链的效率低下。

为解决这些问题，零售企业需要改进当前的物流配送体系。

在具体实施过程中，零售企业可以从以下两个方面入手。

- 为基础设施建设提供充足的资金支持，对物流中心进行信息化、机械化改造，建立统一的运营标准，加强不同环节之间的合作运营，有效应对人力成本增加的问题。
- 与专业物流公司达成合作。对于实力基础比较薄弱的中小型零售企业，其可以通过联手第三方，得到更多的资源支持，提高配送效率，降低自身的成本消耗。

流程再造与人才培养

传统零售企业在数字化转型的过程中，应该进行流程重塑，为不同渠道的运营提供有力支持。另外，企业开发的所有技术、推出的所有制度都要依靠人来执行和操作。所以，零售企业要重视人才培养。

一方面，零售企业要培养自主人才。零售企业可以与互联网企业建立合作关系，共同进行人才培养，提高企业成员的电商运营能力，使企业的人才适应线上及线下业务发展的双重需求。另一方面，零售企业要积极引进外部优秀人才。零售企业可以与学校等人才培养机构建立合作关系，让其根据企业的发展需求进行人才培养，并为人才提供优质的实践平台。

第 8 章
运营实战：全渠道零售底层支撑系统

基础框架：打造新零售闭环生态

零售行业从最初的游走叫卖发展至进店消费，到电商交易，再到如今的线上与线下相结合的全渠道零售，经历了一个漫长的发展过程。目前，零售业态十分丰富，例如，便利店、连锁超市、百货商场、购物中心、电商平台等。无论零售业态如何发展，其追求"人、货、场"供需关系平衡的本质永远不会改变。

随着社会经济的不断发展，人们的生活水平提升到了新的高度，由此掀起了新一轮消费升级浪潮。购物消费时，人们不再只关注商品本身的价值，而是更加注重购物过程中的体验感。除了商品本身，商品还代表一种生活方式、价值观等，这在给零售企业带来更大挑战的同时，也给其带来了获取商品更高溢价的机会。

互联网尤其是移动互联网的推广普及，使人们的购物模式发生了重大转变，很多人已经形成了使用智能手机在碎片化场景中购物的习惯。同时，在消费升级的背景下，消费者对商品质量与服务提出了更高的要求，越来越多的消费者希望能够获得个性化、多元化、智能化的购物体验。

智慧零售的崛起催生了很多新概念，例如，"全渠道""数字化商业"、"超级体验店"等。从盒马等实践案例来看，智慧零售的逻辑可概括为利用数字化的连接塑造全方位的体验，满足消费者的个性化需求，加强资源共享，提高经营效率，打造闭环生态。

新零售闭环生态的三大基本要素如图 8-1 所示。

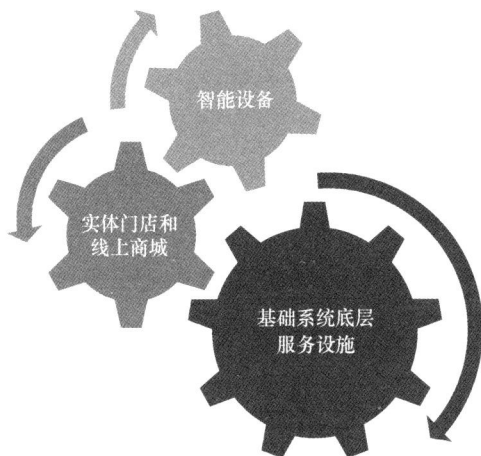

图 8-1　新零售闭环生态的三大基本要素

- **基础系统底层服务设施**。该部分主要为实体门店和线上商城的运营提供支持，实现线上线下商品、数据、消费者等方面的一体化运营。

- **实体门店和线上商城**。消费者可以随时随地在企业官网、电商平台、购物 App、小程序、微店等各类线上商城中购物，使零售企业能够打破时空限制，达成更多交易；消费者也可以在实体门店中，进行实际体验后购买，实体门店可打造成集前置仓、售后服务中心、线上订单自提网点等身份于一体的综合零售业态，以满足消费者对体验和服务的需求。

- **智能设备**。例如，智能手机、平板电脑、智能家居产品
  等各类接入移动互联网的智能终端的应用，让消费者和
  零售企业可以方便、快捷地进行实时交互，使后者更好
  地融入消费者的日常生活，通过定制营销满足消费者在
  各类场景中的个性化需求。

运营系统：运营人员的素质要求与运营岗位职责

　　智慧零售业态的基础框架是从顶层设计层面为零售企业布
局智慧零售提供指导和帮助的，但想要深入挖掘智慧零售的价
值，零售企业还必须掌握足够的运营知识与技能，以满足开展
日常业务实际的需要，实现差异化经营，构建核心竞争力。运
营人员的素质要求与运营岗位职责如图 8-2 所示。

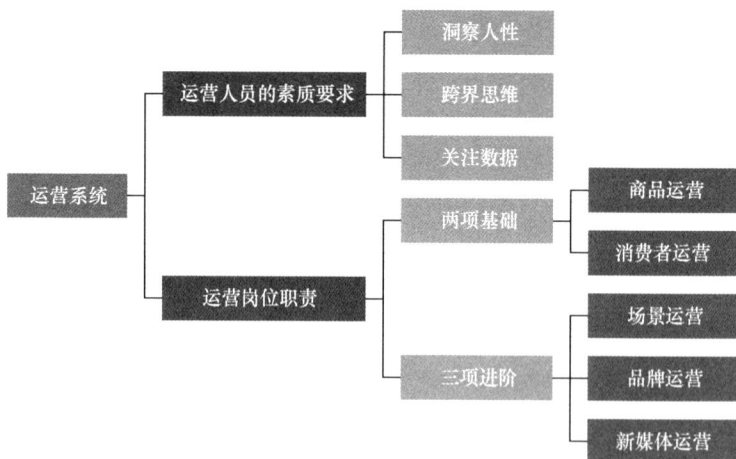

图 8-2　运营人员的素质要求与运营岗位职责

运营人员的素质要求

零售运营的本质在于运用各种有形的、无形的、内部的、外部的策略与手段，使零售企业和消费者建立起长期稳定的连接关系，这种连接关系往往以品牌、企业文化、价值观为媒介。在零售企业中，运营人员是运营策略的制定者、执行者、维护者，扮演着顾问型导购、后台资源调度者、向消费者长期提供优质内容的自媒体人等多种角色，这要求他们具备以下3种基本素质。

（1）洞察人性

以消费者为中心、围绕消费者开展运营是智慧零售的核心内容之一，而要想做好消费者运营，运营人员需要有较强的洞察力，能够深入了解消费者，对消费者的年龄、性别、爱好、习惯等进行分析，从中挖掘消费者需求，寻找创新机会，为业务改善、流程优化、供应链管理等提供有效指导。

（2）跨界思维

移动互联网和AI等技术在零售行业的应用，使实体经济和虚拟经济之间的边界愈发模糊，跨界渐成常态。掌握跨界思维是运营人员的必然选择，而跨界思维的培养需要广泛涉猎各行业的知识，以便积极创新求变。

（3）关注数据

数据是智慧零售的重要驱动力，也是运营人员开展日常工作的重要参考，它使策略的制定与实施有了客观依据。从运营本身来看，运营工作需要设置具体的阶段性目标，这些目标要能够被量化、被考核，运营流程也需要遵循一定的标准，这些都需要数据提供强有力的支持。关注数据并不意味着企业对数据过度依赖，应用大数据技术也不能代替企业的主动思考，这是运营人员尤其需要注意的问题。

运营岗位职责

在互联网公司中，运营岗位被细分为消费者运营、商品运营、内容运营、活动运营等，不同岗位对运营人员的要求存在一定的差异。在具体的企业中，这些运营岗位并非一定存在，有的企业可能只需一个运营团队便能同时负责所有的运营工作。

具体到智慧零售的打造，可以将运营岗位职责总结为"两项基础，三项进阶"，其中，"两项基础"是指商品运营和消费者运营，"三项进阶"是指场景运营、品牌运营和新媒体运营，不同岗位的职责有所不同。

（1）商品运营

商品是连接零售企业和消费者的重要媒介，出售商品也是商家完成价值变现的主要手段。此处的"商品"不仅包括常规意义上的实物商品，还包括无形服务。目前，服务已经被很多零售企业视为利润的重要增长点。

智慧零售的商品运营要打通线上线下，做到实时更新库存。

消费者在线上下单购买后，可以由附近门店就近配送，也可以由消费者前往门店自提，门店则负责提供售后服务。

（2）消费者运营

消费者运营的目的是让消费者对零售企业建立较高的忠实度，实现重复购买。消费者运营覆盖了消费者的整个生命周期，需要长期投入资源。为了提高运营效率与针对性，运营人员可以将消费者按照不同生命周期进行划分，制定并实施差异化的运营策略。

在零售企业的运营实践中，已经具有一定品牌知名度的零售企业虽然有专业的线下消费者运营团队，但却容易忽略对线上消费者的维护。在线下开展消费者运营的优势在于，面对面交互更容易形成较高的品牌忠实度，但消费者群体相对有限；而线上渠道也可以为零售企业带来海量的消费者资源，因此，线上和线下运营结合后，将大幅提高零售企业的盈利能力。

另外，实体门店的消费者运营更侧重于达成交易的消费者群体，而智慧零售的消费者运营对应的群体并不局限于老用户，关注企业微信公众号、加入企业社群的消费者也在运营对象之列。虽然这些消费者不一定会购买商品，但企业可以借助他们进行口碑营销，进而提升品牌的销量和知名度。

（3）场景运营

个体的需求和所处的场景存在密切联系，通过场景运营，运营人员达成的转化率更高。

对于线上场景，运营人员需要实现对消费者场景特性的全面感知，从而进行定制化推荐，或者通过游戏、激励等方式，让消费者进入企业建立的线上场景；对于线下场景，运营人员需要对传统场景进行数字化、智能化的改造。

（4）品牌运营

品牌并非一种简单的符号或标识，而是一种信息媒介，可以传递企业倡导的生活方式、企业文化等，从而抢占消费者，促成更多交易。在同质化竞争日趋激烈的局面下，品牌力是衡量一家企业市场竞争力的重要指标。

品牌运营包括品牌定位、品牌建设及品牌管理与维护。品牌定位需要结合企业现状、消费者需求、市场环境等确立品牌调性，为其建立虚拟化人格；品牌建设需要向消费者输出优质内容，组织消费者参加线上线下的活动，逐步强化消费者的品牌认知，最终在消费者心中留下深刻印象；品牌管理与维护则需要做充分发掘好品牌资源、及时处理品牌危机等工作。

（5）新媒体运营

流量从线下到线上、从计算机端到移动端转移已是不争的事实，而新媒体是移动流量的主要聚集地，已经成为零售企业争夺消费者资源的主阵地。近几年，科技的快速发展催生了一系列新媒体平台，形成论坛贴吧、视频网站、音频平台、直播平台、短视频平台等多种媒体业态并存的局面。虽然，微博、微信拥有亿级月活跃用户，但今日头条、快手、抖音等的力量也不容忽视。因此，运营人员在开展新媒体运营时，需要结合自身掌握的优质资源和目标用户的分布情况灵活选择合适的平台。

综合来看，智慧零售作为一种新生事物，其运营仍处于探索阶段。企业在进行智慧零售转型的过程中向成功案例借鉴经验固然是重要的，但盲目复制并不可取。大部分零售企业是中小企业，并没有零售巨头所掌握的优质资源丰富，因此需要运营人员不断尝试，逐步找到适合自身企业的运营模式。

信息系统：驱动零售数字化升级

信息化建设是零售企业打造智慧零售模式的重要基础。没有完善的信息系统作为支撑，零售企业无法实现线上线下一体化运营，无法和消费者进行实时交互，也无法和上下游的合作伙伴实现高效协同。

具体来说，数字化建设将给零售企业带来以下 4 个方面的明显优势。

- 加快企业内部及产业链的信息流动，提高决策的时效性、精准性。
- 帮助企业建立更规范、更系统的业务流程，提高消费者的满意度与企业的经营效率。
- 增强企业的资源整合及配置能力，有助于企业集中优质资源，实现重点突破。

● 积累海量的零售大数据，并通过对其分析、应用，精准对接消费者的个性化需求，更好地服务供应商、物流服务商等合作伙伴。

从企业内部视角分析，企业管理可以分为制造管理、财务管理、人力资源管理等；从企业外部视角分析，企业管理可以分为供应管理、销售管理、客户关系管理、知识管理等。

基于管理的实际需要，在智慧零售转型过程中，零售企业信息化建设的六大系统有 ERP 系统、仓库管理系统（WMS）、CRM 系统、供应商关系管理（SRM）系统、采购管理（PM）系统和供应链管理（SCM）系统，如图 8-3 所示。

图 8-3　零售企业信息化建设的六大系统

（1）ERP 系统

ERP 系统实现了物、资金、信息等资源的一体化管理，功能丰富，已被企业广泛采用。ERP 系统的功能主要包括分销、财务管理、库存管理、质量管理、项目管理、标准管理、物流管理、设备维护、客服、人力资源、工作流服务、供应链管理等。

（2）WMS

WMS 通过出入库业务、仓库与库存调拨、虚仓管理，集物料对应、库存判断、即时库存管理、批次管理等多种功能于一体。WMS 可以帮助企业对仓库物流管理及成本管理进行全程控制与追踪，提高库存管理的精准性、时效性。

WMS 由基本信息管理、收货管理、盘点管理、库存管理、拣选管理、打印管理、货物流管理、后台服务系统等多种功能模块构成。

（3）CRM 系统

CRM 系统是能够基于消费者数据进行管理，应用信息科学技术促使市场营销及服务等环节实现自动化，全面搜集、分析及应用消费者信息的管理系统，具有订单管理、发票管理、知识库管理、日程管理等多种功能。CRM 系统可以帮助企业不断吸引新消费者、留住老消费者并将现有消费者转化为忠实消费者，与此同时唤醒"沉睡"消费者，为商品销售提供强有力的支持。

和传统零售相比，智慧零售从经营商品转变为经营消费者，从的渠道为中心、终端为中心转变为以消费者为中心，而 CRM 系统能够让企业建立以消费者为中心的运营管理模式，是零售企业信息化建设的一项重要内容。

（4）SRM 系统

SRM 系统为零售企业提供与上游供应商建立长期稳定合作关系的解决方案，有助于零售企业树立服务上游供应商的经营理念，可以使零售企业更加积极地与上游供应商共享数据、人才、技术、资金等资源。该系统的应用有助于扩大市场需求，开辟新市场，减少库存积压，提高商品流通效率，进而促进供需平衡。

SRM 系统由战略采购、货源管理（包括开发采购战略、采购成本分析、合同管理、供应商选择等）、操作性采购（包括服务采购、计划驱动采购等）、供应商协同（包括商品研发协同、订单执行协同、库存管理协同、新供应商注册等）等多个功能模块构成。

企业之间的竞争是供应链之争，是生态系统之争，处理好和供应商的关系是零售企业管理者的重要工作，在此形势下，零售企业需要重点关注 SRM 系统的建设。

（5）PM 系统

PM 系统是一种可以实现对物流、资金流全程双向控制与追踪，强化企业物资供应信息管理的管理系统，具备采购申请、采购订货、采购退货、进料检验、仓库收料、订单管理、供应商管理、购货发票管理、供货信息管理、质量检验管理等多种功能。智慧零售环境下的采购管理，是将自身和供应商之间的关系视为战略伙伴关系，根据消费需求进行采购，力争实现多方共赢。

（6）SCM 系统

SCM 系统围绕供应链的协同管理而展开，致力于加强供应链各环节参与主体的合作交流，能够促进操作流程和信息系统的无缝对接，是一种实现物流、商流、资金流、信息流、单证流五流合一的管理系统。

SCM 系统能够实现整体供应链可视化，可以降低沟通成本、实现利益最大化。SCM 系统为零售企业赋能主要体现在：提高管理决策的科学性；避免库存积压，提高供给质量；提高工作流程效率，降低成本消耗；提高供应链市场响应速度，推动商品与服务创新。

物流系统：精准触达"最后一公里"

在消费不断升级的趋势下，消费者对价格的敏感度下降，对购物环境、消费体验的关注度越来越高。基于"线上＋线下＋物流供应链"的智慧零售模式，从消费者和零售企业两个层面对物流提出了新要求。

从消费者层面分析，消费者是智慧零售的核心。消费者层面对智慧零售模式下物流的要求如图 8-4 所示。

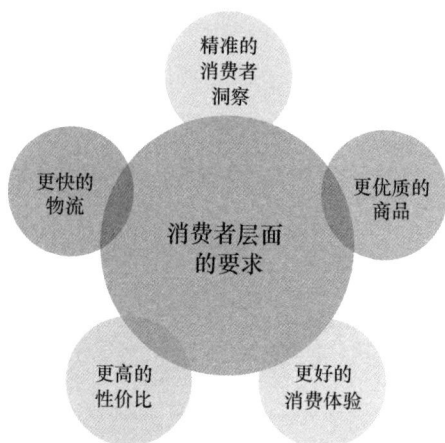

图 8-4　消费者层面对智慧零售模式下物流的要求

- **精准的消费者洞察**。在智慧零售的环境下，品牌商要在对消费者需求做出全面认知的基础上制订供应链计划，但品牌商获得的消费者信息往往是片面的、有缺失的，还有部分信息被零售商、批发商的信息库掌握。同时，零售商也面临相同的问题，只能基于自己所掌握的信息制订阶段性计划，无法对供应商的备货情况、采购情况、产能准备情况进行直接控制。另外，对物流企业来说，末端消费者感知也是一大问题，与获取线上消费者信息相比，获取线下消费者信息的难度更大。

- **更优质的商品**。产地直采、生鲜直达、溯源追踪等方法均有助于零售企业获取更优质的商品，进而提供给消费者。

- **更好的消费体验**。这要求零售企业提高物流的时效性与精准度，通过定时送达、上门服务、灵活的退换货服务等带给消费者更好的消费体验。

● **更高的性价比**。现阶段，物流企业可以通过引入智能设备、共享资源、提升整体效率等方式降低物流成本，也为消费者带来了更多的选择。

● **更快的物流**。智慧零售模式的构建需要解决物流配送"最后一公里"问题，可以采用的方法包括实现店仓一体化、建设智能柜、将快递业务众包出去等，以切实提升物流配送的速度与效率。

从零售企业层面来看，智慧零售颠覆了传统零售企业的多级分销体系，能够缩短供应链、打通多条渠道，让零售企业可以与消费者面对面交易，从而在降低库存压力的同时提升响应速度。同时，在智慧零售模式下，零售企业可以对未来可能出现的两个新场景做出有效预测。

【**场景1**】未来将出现第三方商业平台，这些平台将以自己的数据资源及丰富的供应链资源为依托，从商品、物流层面为中小型零售企业提供有效支持，以较低的成本实现渠道下沉，缩短供应链，打通信息。

【**场景2**】未来将出现第三方大物流平台，其物流功能将变得愈发丰富，可以构建综合的物流服务，包括快递服务、冷链物流、仓配一体、快运、供应链金融服务、大件物流等。同时，第三方大物流平台还将呈现出三大特点：一是面向特定行业，构建一套有针对性的行业物流方案；二是利用规模化优势，与先进的技术和管理理念相结合，提升物流效率与准确率；三是汇聚物流、地理、商品等信息，为消费者提供更多、更优质的增值服务，例如金融服务等。

未来，作为智慧零售的一大关键要素，物流系统将呈现出一体化、平台化、智能化、自动化、数据化、社会化等特征，使 B 端[1]、C 端[2]的需求都得到极大的满足。

1　B 端以企业用户为主。

2　C 端以个人用户为主。

第 9 章
数字时代的全渠道供应链建设

全渠道供应链的核心要点

全渠道供应链服务指的是商品流通企业与商品流通渠道上的其他主体（包括商品生产商、供应商、服务商等）联合，整合线上和线下的各个渠道，为消费者提供商品或服务，满足消费者随时随地获取商品与服务的需求，保证消费者可以使用同一个购物账号或购物身份在不同的渠道购物，并获得无差别的购物体验。

全渠道供应链服务真正做到了以消费者为中心，可以带给消费者全新的购物体验。在全渠道供应链服务模式下，消费者在线上购物时，可以随时随地查询商品，了解商品的基本信息，查看消费者评论；在线下购物时，消费者则可以亲自体验商品，使用移动终端服务，更方便、快捷地买到心仪的商品。

零售企业在完善全渠道供应链的过程中，要充分考虑全渠道零售的需求，使全渠道运营能够体现出与时俱进的特点，在强化零售企业对供应链管理的同时，提高全渠道供应链的灵活性。全渠道供应链的核心要点如图 9-1 所示。

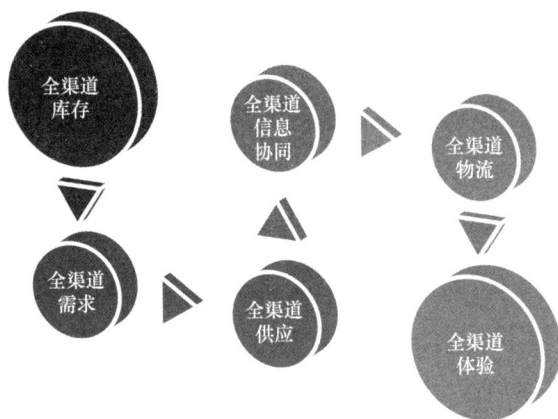

图 9-1　全渠道供应链的核心要点

（1）全渠道库存

在传统零售模式中，零售企业在库存管理方面采用的是单一渠道模式，而建立全渠道供应链的企业，需要将不同渠道的管理相结合，并综合考虑供应链不同环节的库存需求。

库存管理是供应链管理的重要组成部分，零售企业用于库存管理的资金消耗，在供应链管理所耗成本中占据很大比例，因此，要完善整个供应链体系，就要从完善库存管理开始。在具体实施过程中，零售企业应打破不同环节各自为政的传统管理方式，与供应商达成稳定的合作关系，为经销商的商品销售提供支持。此外，在商品运营的不同阶段实施精细化的库存管理，以加速该环节的资金流转，并提高整体资源的利用效率。

在实施全渠道库存模式时，需要实现不同渠道间信息的高效传递。在线下零售终端出现商品供不应求的现象时，能够通过周边网点的仓库进行补货，或者将需求信息发送给供应商，由供应商借助物流系统满足线下零售终端的商品需求。

（2）全渠道需求

零售企业运营过程中会产生各类数据。例如，大规模零售超市每日运营产生的零售数据能够突破百万级，消费者的消费品类、行为特征、消费习惯等都被包含在海量数据中。零售企业应用大数据统计与分析技术，提取其中的商业价值，为自身的商品生产、库存管理等提供有效参考。

零售企业应与供应商共同参与大数据的应用，通过组建大数据项目实践团队获取不同渠道的消费数据、商品与服务的评价信息等，分类管理消费者，根据消费者属性采取相应的营销策略，以提高企业营销的针对性，促成与更多消费者之间的交易。

（3）全渠道供应

在全渠道供应链的运行过程中，各个环节的企业之间需要相互配合。从这个角度来说，各环节参与者之间要保持顺畅的沟通与互动。

零售企业需要做好渠道中各个企业之间的协调工作，确保供应链不同环节的企业能够按照既定原则分配利润，并将自身的库存信息准确传递给供应链上其他环节的企业，对市场需求进行把握并与供应商探讨，避免经销商在销售过程中出现缺货的情况，也要避免货物大量囤积。

同时，零售企业还要整合不同渠道的商品需求，扩大单次采购规模，通过精简化的订单处理和集约化的物流运营，降低供应链整体运行的消耗，统一管理包括上游企业在内的各个环节。

（4）全渠道信息协同

在全渠道供应链运行过程中，信息发挥着重要的连接作用，如果不同环节间的信息交流出现问题，则容易导致供应链的运行混乱。当前，很多零售企业还未实现不同部门间的信息共享，也有部分零售企业在渠道运营方面缺乏有效的交流。

零售企业要实施全渠道运营，既要打通不同环节的信息沟通，也要确保不同渠道能够高效互动。零售企业应通过信息共享，加速库存周转，完善库存管理，从而进一步提高整体的资金利用效率。

（5）全渠道物流

零售企业在运营过程中会产生各类物流数据，与企业采购、商品存储、配送等相关的数据对零售企业具有重要价值。

零售企业想要完善自身的物流体系，就要提高数据资源的利用率，深入挖掘数据的价值。一方面，可结合自身的实际情况，选择合适的物流服务提供商，进行定制化的物流服务；另一方面，可构建高效的一体化物流体系，实现销售端、运营商等不同主体的互动。

（6）全渠道体验

零售企业采取的所有措施都是为了促进商品销售，因此在运营过程中，零售企业需要不断完善自身的服务体系，为消费者提供满意的购物体验，从而提升消费者的黏度，并扩大供应链的利润空间。

零售企业在打造自身服务体系时，应关注以下 3 个方面。

- 在全渠道模式中，消费者不仅可以在线下实体门店选购商品，还可以通过网络渠道满足自身的需求。随着虚拟现实技术的发展及其在零售行业的应用，未来，立体化虚拟体验能够更好地对接消费者的需求。
- 为形成良好的口碑，零售企业在各个渠道的运营都要注重服务体系的建设与完善，优化消费者的整个消费过程。因此，零售企业不仅要做好销售前的准备工作、销售过程中的体验打造，还要注重售后服务的质量，满足消费者在商品功能、物流配送等多个方面的需求。
- 零售企业应把线上渠道与线下渠道的运营相结合，通过在多个地区建设体验店与零售店，拓宽自身商品与消费者的接触面，精准把握消费者的需求。

综上所述，零售企业在改革自身供应链的过程中，需要根据消费者需求的变化，管理供应链不同环节和不同渠道的运营情况，通过全渠道供应链的建设与优化来突出零售企业的竞争优势，进而增强自身发展的持续性。

全渠道供应链整合与优化

零售企业要积极改革与创新，加强线上渠道与线下渠道之间的配合，充分发挥网络平台、实体门店各自的优势，并利用微博、微信等网络媒体平台与消费者展开互动，为消费者提供更加优质的购物体验。

（1）采购整合

在实践全渠道模式的过程中，渠道商需要在采购环节采用整合策略，并在营销端体现其价值。而营销过程中的服务提供及其相对应的消费体验可以用于零售企业的品牌运营，有助于零售企业提升整体竞争力。零售企业为了实现各个采购平台之间的整合，使不同平台在促销过程中实现一体化运营，应该从整体上把握市场的需求信息，通过实施整合策略吸引更多消费者。

近年来，我国企业积极实施资源整合，在反向定制模式、代工生产方式、包销模式等方面进行了探索。有些企业通过联手其他企业，进行大批量采购来降低商品的采购价格。在渠道商采购商品的过程中，如果零售企业能够实施规模化采购，就能够降低整体的采购成本。零售企业整合采购平台，不仅能够降低商品的价格，提高对消费者的吸引力，还可能在其他方面占据优势。

在实施全渠道模式的过程中，零售企业可以利用网络平台完成采购任务，将零售企业的物流与商流区分开，在降低成本的同时加速整体运转，提高零售企业的管理水平。

（2）库存共享

全渠道模式打破了以往不同渠道之间的"孤立"现象。例如，当消费者在某个平台上购物时，如果平台提供的商品无法满足其需求，平台则可以从其他渠道调取商品来解决这一问题。

我国幅员辽阔，各个地区的市场行情存在明显的区别，不同地区的零售网点在信息获取与分析、运营管理方面的发展程度不同，物流环节的发展也具有一定的差别，不同渠道商共享库存时，会受到多种因素的影响。

因此，我国零售企业在运营过程中，只有发挥线下渠道与线上渠道之间的协同效应，才能实现各个渠道间的库存共享。在具体实施过程中，不同渠道之间的配合运营依赖于相关信息技术的支撑，应需要在发展过程中不断完善整个业务体系。

（3）物流协同

全渠道供应链的打造需要零售企业把握消费者需求与行业趋势，加快完善信息系统，实现对采购、营销、仓储、物流、信息资源管理等诸多环节的深度整合。其中，物流环节的整合尤为困难，是阻碍很多零售企业提高供应链运行效率的关键。

传统的零售渠道通常根据库存、销售制订物流计划，由区域仓储中心进行集中仓储，根据订单需求配送商品，各区域之间的物流管理处于割裂状态。在全渠道模式中，零售企业要结合大数据分析结果对商品进行分类管理，将需求量较大的商品直接运输到供应链末端，而区域仓储中心只存储需求量较小的长尾商品。同时，零售企业要根据物流成本和配送效率对不同区域的物流进行协同管理。

在非节假日期间，消费者需求较为分散，零售企业可以将物流外包给第三方。但在节假日期间，消费者需求高涨，零售企业很容易出现缺货、断货的问题，加之物流效率降低，容易导致消费者体验不佳，对零售企业经营业绩的提升与品牌建设产生负面影响。

以家电行业为例，春节期间是家电销售的重要节点，很多家电零售企业甚至需要提前 2 ～ 3 个月筹备春节促销活动。但在春节期间，第三方物流的送货效率低，甚至停止送货。此时，拥有独立的物流体系就显得非常关键。例如，京东、海尔等拥有自建物流的企业就可以为消费者正常配送，因此其商品销量往往会领先。

智慧零售时代的传统供应链痛点

进入智慧零售时代，如何打通线上线下渠道、对线上线下资源进行整合成为绝大多数零售企业面临的关键问题。如果线上渠道和线下渠道彼此独立、数据互不流通，零售企业就无法准确把握商品的库存情况，无法提高物流运转效率。因此，传统零售供应链必须进行数字化变革，重构"人、货、场"之间的关系。在这个过程中，传统零售供应链要面临很多挑战，具体如下。

（1）需求预测难和供应链敏捷度差

在消费升级之前，消费品市场基本处于供给决定需求的状态，消费者对商品的需求比较单一，零售企业只需要执行规模化、大批量生产，并提高商品的生产效率即可。但随着市场上的商品种类增加，消费者的消费理念不断改变，消费需求呈现分散化、碎片化的特点，而这也就导致商品的生命周期大幅缩短，给商品生产、库存控制造成巨大的压力。

总而言之，零售企业无法准确预测商品需求、无法提高供应链敏捷程度的一个重要原因就是零售企业内外部的数据不透明，主要表现在以下两个方面。

- 传统大型零售企业往往采取分销方式，招募众多经销商，按照销售规模分层管理经销商。除了个别大型经销商，大部分小型经销商及门店的销售数据不透明。
- 大部分零售企业各渠道、各区域之间的数据彼此独立，无法流通共享，自然也无法实现全局协同。这种彼此独立的物流体系极大地增加了零售企业的物流成本，无法有效提升供应链的运行效率。

另外，零售企业还要升级预测系统，加强数据分析团队的能力建设。目前，绝大多数零售企业通过参照同期的商品销售情况来预测未来的商品销量，并据此规划商品库存。在这个过程中，大部分数据分析工作由人工完成，难免会出现一些失误，再加上参照的信息过于单一，不能整合市场上的其他信息，导致零售企业不能快速应对大幅增加的存货单位（SKU）和订单频次。

（2）仓储管理面临新挑战

随着智慧零售的不断发展，消费者对线上购物的时效要求越来越高。为了满足消费者想尽快收到商品的需求，零售企业必须不断缩短供应链，尽可能地在靠近消费终端的位置建设仓库，由此催生了前置仓、门店仓等一系列新的仓储模式。

虽然这种仓储模式有效缩短了商品的配送时间，但也增加了运营成本和运营难度，而且，随着线上线下渠道的不断融合，订单愈发分散，传统仓储管理还会面临很多挑战。例如，现有的物流干线、配送路径，以及车次规划变得异常复杂；"最后一公里"配送难度大等。

数字化供应链的创新解决方案

零售行业供应链的数字化转型，首先要明确转型面临的问题；其次要积极利用大数据、AI、物联网等技术，与消费者的需求相结合，制定供应链数字化转型方案，具体如下。

（1）提升基于数据的预测能力

预测分析需要通过 3 个阶段：一是积累原始数据，二是提高数据质量，三是智能决策。

首先，零售企业要加强对关键运营环节的监控，掌握更多的数据；其次，零售企业要打通内外渠道，整合全渠道的数据，并建立统一的数据管理标准，提高数据质量；最后，零售企业要引入大数据、AI 等技术深入分析数据，采取最优的算法保证结果预测的准确性与有效性。

例如，Prevedere 是国外领先的数据预测机构，可以利用大数据、云平台等先进技术，综合分析零售企业内部的销售数据、库存信息及外部的气候状况、经济指数、价格指数等，帮助多家零售企业做出准确的预测。

由此可见，在提高预测的准确性方面，零售企业不仅要保证数据的完整、全面，而且要积极引入先进技术，如有可能还要培养专业的预测团队，通过不断学习构建系统的预测方法，切实提高预测能力。

（2）线上线下仓配一体化服务

在智慧零售模式下，对于一些零售企业来说，线上渠道因其销售比例快速增长，逐渐超过线下渠道成为主流的销售渠道。在零售企业掌握较大比例的线下库存及物流的情况下，线下零售渠道与 B2C 物流解决方案将发挥协同效应。

当然，在具体实践中，零售企业要想实现线上线下统一管理还面临着很多困难，例如，线上仓储与线下仓储的操作模式不同，线上物流管理与线下物流管理的成本存在较大差异等。要想解决这些问题，零售企业必须积极引入新技术，持续推进商业模式的创新。

（3）在数据驱动下优化供应链网络布局

随着电商、物流等领域的发展，零售企业的仓库建设与配送路线规划已经逐渐成熟，大幅提升了整个供应链网络的资源分配效率与资源分配的合理性。在此情况下，零售企业要立足于企业战略，基于对商品组合、市场需求、库存控制、仓库容积、运输成本、人工成本、采购成本等的分析，综合考虑物流效能、成本控制、反应速度、运营资金管理等要素，优化整个供应链网络。

在跨仓管理与店仓一体化管理方面，便利蜂等创业公司做出了很好的示范效果。便利蜂借助与 WMS、ERP 系统连通的互联网平台，将总仓、前置仓、门店及货柜相连接，实时监测商品库存，并开发自动订货、补货系统，在提高订货、补货效率的同时，降低了整个环节的人工成本。

此外，便利蜂还通过对消费者在支付端口产生的数据及会员购买数据进行分析，精准绘制消费者画像，为前置仓选品提供科学指导。通过这种方式，便利蜂在前置仓 SKU 数量只有门店数 1/10 的情况下，也可以将商品的缺货率控制在 10% 以内。

（4）智能调度体系及自动驾驶技术优化运输配送效率

随着消费者的需求愈发碎片化，物流运输越来越复杂，传统的物流调度体系与调度方式不再适用。为了提高物流的运输效率，物流企业必须积极引入大数据、AI 等技术，创建智能调度与规划系统，合理规划物流车辆的运输路线、配载、运行时刻等。

随着自动驾驶技术的快速发展，自动驾驶车辆在物流运输领域的应用将给整个行业带来巨大的影响。对于短途运输来说，自动驾驶车辆的应用可以将物流运输效率提高 50%；对于"最后一公里"配送来说，自动配送车辆的应用可以将物流配送的效率提高 2 倍。

（5）智能调度、众包模式及前置自提

为了降低配送成本，物流企业做出很多尝试，包括优化调度、建设自提点、快递站前置等。随着供应链的数据化程度不断提升，大数据、AI 等技术在物流行业实现大规模应用，基于这些新技术的智能调度系统不仅可以优化物流的配送路径，而且可以提高派单的效率，有望解决"最后一公里"的配送难题。

例如，美团利用大数据、动态算法及智能硬件，根据时间、地点等因素主动向配送员推送订单，并为其提供实时导航、路

况播报、安全驾驶提醒等服务，大幅提升派单效率与订单配送效率；自提柜等终端自提设备通过汇集终端配送点，有效地缩短了配送员的等待时间，提高了终端的配送效率。

除了积极引入先进技术，零售企业、物流企业想要降低配送成本，还要积极创新商业模式，例如，只需要投入少量设备与采取人工的众包模式，自建或加盟快递站与自提点等。众包模式可以解决飞速增长的配送需求远超平台自营运力的问题，而自建或加盟快递站与自提点可以让仓储下沉至社区，实现物流配送的集中化与标准化，减轻配送人员的工作压力，切实提高物流的配送效率。

第四部分

场景新零售

第 10 章
场景革命：如何打造场景化新零售

场景新零售：回归商业的本质

我国的互联网电商之所以能以如此快的速度发展，一个重要的原因在于消费阶层的改变。伴随互联网成长起来的"80后""90后""00后"，对互联网的接受度非常高，随着他们逐渐步入社会，他们自然也就成为电商的主要消费群体。另外，在互联网环境下，新生代消费者能够获取信息的渠道越来越多，从而逐渐形成一个以自我为中心的微型商圈。

与此前的消费群体相比，新生代消费群体容易受科技潮流的影响，有自己独特的个性和追求，而且这类消费群体的需求发生了极大的变化，从而推动了传统零售模式创新升级。

在不断迭代更新的移动通信技术的驱动下，社会进入了一个新的经济时代，即"后经济时代"。在这个时代，作为个体的消费者被唤醒，其消费需求不断升级。对于品牌来说，相较于低价促销，打造能够满足消费者高需求的商品更能获得丰厚的利润、赢得广阔的发展空间；对于百货商场等零售企业来说，为了满足新生代消费群体不断升级的需求，必须创新经营模式、革新组织架构、建立新的企业形象或店铺形象。

总而言之，在新的市场环境下，消费者的购物活动愈发碎片化、场景化。与之对应的，消费者更希望随时随地满足自己的购物需求，这大幅促进了零售行业的变革。实际上，这场零售变革就是要回归商业本质，通过不断创新满足消费者持续变化的、逐步升级的购物需求。

（1）体验消费：构建以消费者为中心的场景连接

在体验经济时代，实现以消费者为中心的场景连接可以引发消费者的情绪共振与情感共鸣。

通过精准定位锁定目标客群后，零售企业可以分析消费者场景及其需求痛点，借助跨界整合等方式对场景进行改造，从而实现商品与服务的定制推送。例如，书店可以整合图书、咖啡等元素，打造多维度的生活方式。

（2）场景零售：从技术到商业的零售变革之路

场景消费的逻辑在于，消费者根据自身在场景中的视觉、听觉、触觉等元素对商品和品牌产生认同感和归属感。

虽然场景是围绕商品搭建的，但让消费者购买的关键是其在场景中的体验。因此，零售企业想要做好场景零售，必须注重优化场景内容、增强场景美感，力争为消费者创造超乎预期的场景体验。

（3）智慧场景：创造全新生活方式体验

场景是生活的载体。在智慧零售模式中，零售企业的选址布局、商业模式、经营理念、业态组合等都需要做出有效调整，以缩短与消费者的物理距离和情感距离，通过更有情感和温度的智慧场景打动消费者。

打造智慧场景，需要借助数字化、智能化手段对零售场景进行改造，使零售场景更加人性化、个性化、特色化，能够向消费者传播有品质、高效的生活理念，让消费者在短时间内选购到适合自己的商品，真正实现"科技创造美好生活"。

基于场景连接的零售逻辑

智慧零售的崛起已经成为不可阻挡的趋势，无论是传统零售企业还是电商企业都在思考如何转型为智慧零售。在分析具体的转型策略前，我们应该厘清智慧零售的本质。

零售被定义为向消费者直接销售商品和服务，来供其作为个人及非商业性用途的活动。诚然，与现代零售行业诞生之时相比，目前消费者的消费需求、社会环境等均发生了重大转变，但零售的本质始终不变，零售活动必须围绕信息传播和商品购买两个层面展开，也就是零售企业要将商品信息传递给目标消费者，并激发目标消费者购买，最终完成交易支付、商品交付等。

很多零售领域的从业者在研究智慧零售时，将主要精力放在如何打破线上和线下、虚拟和实体之间的边界方面，但这些内容只不过是一种表象。智慧零售更深入的本质是基于大数据、云计算等技术洞察消费者，以消费者体验为中心重构信用关系和效率。

发展智慧零售，需要从流量思维转变为消费者思维，从对流量的广泛覆盖转变为围绕精准消费者开发极致服务，这需要充分借助移动互联网、物联网和 AI 等新一代信息技术。

移动互联网时代的消费者表现出两个明显的特征：一是数字化，它是指人们借助随身携带的智能手机、平板电脑等移动智能终端随时进入互联网世界，生活处处皆可数字化；二是个性化，它是指消费者的消费观念发生转变，人们热衷于购买个性化商品来展现自己的品味。

传统零售的价值链路径是由供应商大规模供货，零售商广泛铺货，大众群体购买，是由货到场再到人的过程；智慧零售的价值链路径转变为由数字化的终端消费者先提出个性化需求，零售商设计场景满足消费者的需求和情感体验，再由供应商定制生产，也就是由人到场再到货的过程。显然，智慧零售的价值链路径更能满足消费者的需求，有助于提高商品的转化率，助力企业获得更高的品牌溢价。

了解智慧零售的本质后，我们再来分析场景。智慧零售中的场景设计要坚持以消费者为中心，尽可能地融入消费者的日常生活。在智慧零售模式中，场景连接可以分为 3 个层次，如图 10-1 所示。

（1）连接消费者和商品

打破信息不对称，让消费者可以全方位地获得商品信息，将商品的各类信息（例如，价格、功能、材质和售后服务等）

传递给消费者，从而打动消费者，促进交易转化，这是零售企业追求的重要目标。

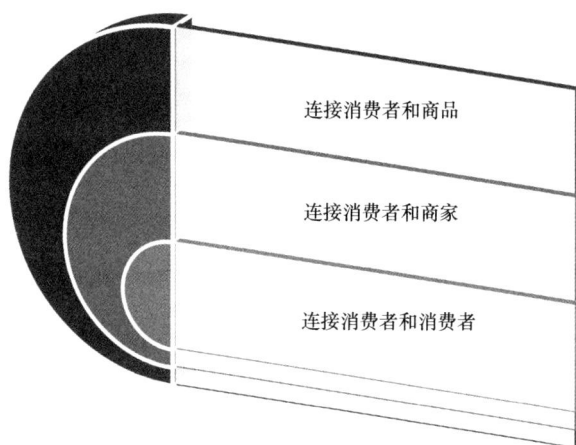

图 10-1　场景连接的 3 个层次

从信息传递的视角来看，线上渠道信息传递的成本低、效率高，比线下平台的信息传递更具优势。

（2）连接消费者和商家

连接与互动相互促进，有了连接，才能实现互动，而互动又能加强连接，建立信任关系。我们可以通过一个案例来分析连接消费者和商家的价值。

王女士在购物中心逛街时买了一件衣服，刘女士在电商平台上和网店客服人员交流沟通后买了同款商品，仅从此次交易的结果来看，王女士和刘女士为商家创造的价值基本相同，但将视角进一步放大，则并非如此。

　　王女士走出购物中心，就意味着消费者和商家失去了联系；而刘女士和客服人员有了一定的互动，又建立了一定的连接关系，后续可能会重复在该商家购买，对商家的价值更高。

　　消费者和商家互动并不局限于某一个环节、某一种形式，在售前、售中、售后整个购物流程中都可能发生互动行为，文字、图片、音频、视频乃至直播等都可以让两者互动。

　　随着制造业发展水平的不断提升，一件商品热销后可能会被竞争对手快速复制，导致商品同质化现象愈发严重。在这种情况下，为了和竞品区分开，很多零售企业选择打"价格战"，但这种做法容易破坏产业生态，也可能导致零售企业的盈利能力不断下滑。想要解决这一问题，零售企业要和消费者充分互动，加强品牌建设、IP建设，用文化和情感与消费者建立信任关系。

　　在内容电商时代，无论是零售企业内容团队生产的内容，还是消费者生产的内容，都能够满足消费者的内容消费需求与情感表达需求，使商品被赋予更大的价值，甚至成为某种情感依托，而这也为零售企业沉淀了大量的忠实消费者，在促进销量提升方面具有极高的价值。

　　在连接消费者和商家方面，商家的导购可以将自身打造成关键意见领袖（KOL）来影响消费者的购买决策，也可以通过向消费者推送定制内容刺激其产生冲动消费，还可以通过品牌建设提高商品的附加值，为零售企业变现提供广阔的想象空间。

（3）连接消费者和消费者

在社交媒体风靡的时代，零售企业可以通过社群运营不断扩大消费者群体，并实现社交裂变。消费者之间的互动也可以形成某种社群文化，促使其转化为忠实消费者。与商家直接推广相比，由消费者向消费者推广的成本更低、效果更佳，而且一般不会影响消费者的体验。

小米之所以能够成功，与其为消费者搭建高效、便捷的沟通机制存在着直接关联。在"米粉"自发的传播下，小米的商品信息被广泛传播，为小米成为"独角兽"企业提供了巨大的推动力。

从品类管理到场景化管理

在向智慧零售转型的过程中，传统零售企业的经营理念、管理模式等都需要变革，商品管理也是如此。在智慧零售环境下，消费者愈发重视购物体验，所以，零售企业的商品管理要转向场景化管理。

进入智慧零售时代以来，零售市场发生了根本性变革，这一变革主要体现在4个方面，即市场结构变革、零售形式变革、位置变革和需求变革，如图10-2所示。

（1）市场结构变革

市场结构变革具体表现为，大众化市场逐渐消失，零售需求市场逐渐表现出分层化、个性化、小众化的特点。

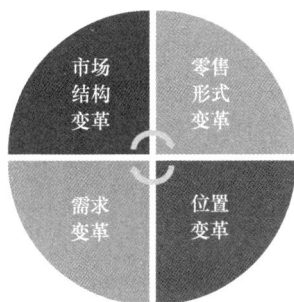

图 10-2 零售市场变革的 4 个方面

大众化市场因为市场规模大，所以需求力也十分强大。在这个市场上，只要零售企业的商品力足够强，就能吸引消费者、满足消费者的需求。因此，在大众化市场上，零售企业的核心任务是做好品类管理，增强商品力，用优势品类吸引消费者，用常规性品类满足消费者。

但在分层化、个性化、小众化的市场环境下，消费者的需求愈发复杂。为了更好地满足消费者的需求，零售企业不能只关注商品，还要深入了解消费者的需求。同时，在这个市场环境中，零售企业仅凭商品很难吸引消费者、刺激消费者购买。除了商品，影响消费者做出购买决策的因素还有很多。

过去，零售企业的品类管理建立在消费者细分的基础上，只不过这种消费者细分方式十分粗放。在智慧零售模式下，实体零售企业必须精准细分消费者，明确消费者是谁、有什么需求、有哪些需求场景、如何才能促使消费者做出购买决策等。

（2）零售形式变革

目前，零售市场"千店一面"，失去了对消费者的吸引力，而这种零售形式已经成为制约零售行业发展的关键，零售企业亟须通过场景化打破这一局面，创建一个极具活力的"千店千面"的零售形式。

因为实体门店直面消费者的需求，而消费者的需求复杂且多变，如果店铺一成不变，最终会因为无法满足消费者的需求而被淘汰。尤其是现阶段，随着消费快速升级，消费者的需求变化速度越来越快。在这种情况下，零售企业必须打破格式化的零售格局，以更好地满足消费者的需求。

对于零售企业来说，打破格式化的零售格局的最佳途径就是场景化。因为场景化是零售企业在深入了解消费者的需求、深度洞察消费者生活的基础上形成的商品表现。这种商品表现的典型特征就是"千店千面"，因为对消费者的洞察、理解不一样，所以商家无法照搬照抄其他商家的场景布局。

（3）位置变革

零售企业与消费者所处的位置发生了极大的变化。与过去相比，目前的商品市场发生了巨大变化，主要特点表现为商品的极大丰富。

商品的极大丰富拓展了消费者的选择空间，也增加了消费者的选择成本。在这种市场环境下，零售企业与消费者之间的地位已经从以零售企业为主导转变为以消费者为主导。为了适应这种变化，传统零售企业必须采用场景化管理，构建一种能够满足当下消费者需求的新模式。

126

（4）需求变革

过去，消费者需要的是商品；现在，消费者需要的是一种生活方式。基于上述三大变革，消费者对"需求"的认知有所改变：相较于能够满足基本生活需求的商品，消费者更希望获得一种生活方式，满足自己对健康生活的追求、对时尚生活的追求、对不同场景生活的追求。

场景新零售模式的运营策略

在智慧零售模式下，各个零售业态（如百货商场、便利店、购物中心、超市和专卖店等）都需要打造场景化零售模式，而场景化零售模式的打造需要从以下4个方面入手。

（1）转变经营理念

过去，零售企业的经营活动总是以商品为中心。在智慧零售模式下，零售企业的经营理念要转变为以消费者为中心、以消费者的生活场景为中心。

从以自我为中心的品类管理，转变为以消费者为中心、基于对目标消费者生活方式洞察与深度研究的场景化模式，对于传统零售企业的经营者、管理者和采购人员来说，这种转变是一个大考验。只有深度了解消费者的零售企业才有可能创建场景化的零售模式。

（2）深入研究消费者的生活方式

零售企业应成立专门的部门，指派专业人员研究消费者的生活。这种研究要带有一定的创新性，要整合零售企业资源为目标消费者创造一种他们理想中的生活方式，从而满足他们对新的生活方式的需求。

（3）重构零售运营技术与供应链体系

场景化模式颠覆了传统的店铺经营方式及品类分区、品类管理模式。为此，零售企业必须重构零售技术体系，这里的技术包括店铺规划技术、商品陈列技术和店铺运营技术等。

场景化零售模式需要建立在新的供应链体系基础上，而场景化零售的核心是满足消费者的需求，因此，供应链体系需要打破过去的品类概念，采购人员、品类管理人员、运营人员的工作思维也要以消费者的生活方式为指导、以消费者的生活方式为核心，对商品组织体系进行重构。

（4）以信息化驱动场景化模式变革

场景化零售模式打破了零售高效消费者响应系统的商品分类模式，商品从按照物理属性分类转变为按照消费者的生活方式分类，需要重新贴加标签，精准对标消费者的生活方式需求。

同时，零售企业的信息技术体系要能为零售企业的场景化变革需求提供支持与助力，要与当下的互联网环境与当前的变革需求相结合，具备更多功能，例如，智能化、价值分析、精准推送等，从而充分发挥信息技术的支撑作用。

第 11 章

场景营销：品牌商如何布局场景新零售

零售商业中的生活场景

从营销角度来看，场景实际上是一种力，这种力可以理解为"拉力""推力"或"黏合力"，它能够增强商品与消费者之间的连接。那么，零售企业营销的"场景化"指的是什么呢？

（1）场景化是一种终端影响力

零售企业在变革和升级的过程中，亟须通过场景刺激消费者产生购买动机，从而形成商品对目标消费者的购买拉力。但目前零售市场中的商品极为丰富、消费者的需求愈发多元化，单一的商品无法打动消费者，因此只有将不同的商品组合在一起形成一种生活场景，才能对消费者产生影响。

（2）场景化是一种营销价值力

只有将商品放到合适的场景中，商品才能发挥出应有的价值。因此，零售企业需要打造一个场景来展现商品，这样才能最大化实现商品的价值。

（3）场景化是一种连接力

场景化最大的价值是帮助零售企业与目标消费者建立联系，形成一种强大的连接力。因为在场景化模式下，目标消费者可以感受到零售企业在试图了解自己，发现自己的需求，从而与零售企业建立一种亲密的、高信任度的强联系。对零售企业来说，这种连接力的价值不容忽视。

从某个层面来看，场景就是消费者的生活方式，这种生活方式需要零售企业用敏锐的洞察力、商业化的眼光、丰富的营销手段来表现，使场景表现效果达到最佳。具体来看，从消费者的生活方式着手，零售企业可关注的场景有以下8种。

- 用餐场景：包括早餐、午餐、下午茶、夜宵等。用餐属于一个高频场景，可形成重复购买。因此，零售企业可以着重研究用餐场景，开发出更多有价值的场景化形式。
- 居家场景：家庭对每个人来说都很重要。在一个人的日常支出中，除了用餐，居家用品支出的占比也很高。
- 社交场景：社交场景诉求与家庭场景诉求有很大的不同，例如，江小白的一人饮、三人饮、十人聚会，体现的就是社交场景诉求。
- 办公室场景：办公室是上班族的聚集地，而上班族是零售行业的主要消费群体，行业不同，办公室场景也不同。因此，零售企业应根据不同行业从业者的特点及行业本身的特点对办公室场景进行开发。
- 出行场景：随着越来越多高铁线路的开通，人们的出行越来越方便，出行频次也越来越高。出行场景与办公室场景、家庭场景不同，它追求的是简单、方便和快捷。

- 户外场景：随着消费升级，户外运动的市场发展空间越来越广。户外场景也有一些特殊需求，例如如何实现所想即所得、如何满足消费者的户外需求等。户外场景的开发空间异常广阔。

- 健身场景：目前，在很多个体的日常生活中，健身已成为必不可少的一项内容和一种最基本的生活方式，但围绕健身场景的开发仍比较少。事实上，户外运动也好，健身也罢，都是一种纯消费场景，消费者的消费力极强。因此，零售企业必须特别关注健身场景的开发，以抢占先机。

- 健康场景：目前，与个体健康相关的产业已经吸引了很多人的关注，未来，健康市场的发展空间将越来越大。针对健康场景，零售企业可开发的内容非常多。

布局场景新零售的关键点

零售行业的转型和升级本质上是通过重构零售三要素"人、货、场"来提升零售行业的运行效率。很多品牌商为了避免被竞争对手抢占先机转而布局新的零售模式。这种布局并非出于战略升级的选择，容易给企业带来惨重的损失。例如，建立或入驻第三方企业对企业（B2B）平台后，可能会破坏品牌商原有的经销商体系，引发窜货、价格混乱等诸多问题；建立或入驻第三方 O2O 平台后，品牌商付出高昂的成本却只能换取小幅度的效率提升；建立或入驻第三方 B2B2C[1] 平台后，却出现品牌商的利润率明显下滑等问题。诸如此类问题，不但会令品牌商蒙受经济损失，也会打击其转型的信心。

如果转型思路出现问题，品牌商投入再多的时间和精力也很难达到预期目标。品牌商在转型过程中遇到的诸多阻碍确实是多种因素综合作用造成的，但根本原因在于品牌商借鉴的是零售商的方法。事实上，在零售产业链中，品牌商和零售商承担的是两种不同的角色，盲目学习零售商的方法只会给品牌商造成严重的资源浪费。

品牌商想要转型和升级，需要结合自身的实际情况，以重构"人、货、场"的零售本质为导向，找到自身布局智慧零售的有效切入点。

品牌商布局零售的三大场景

（1）营销场景

在物质极为丰富的时代背景下，"酒香不怕巷子深"的年代已成为过去，品牌商越来越重视营销。在品牌商布局零售行业的过程中，营销环节扮演着非常重要的角色，因此，品牌商

---

1 B2B2C 是对 B2B、B2C 模式的完善，是一种电商类型的网络购物商业模式。

可以尝试从营销场景切入。品牌商需要分析消费者的购物习惯、购买力等，并在此基础上增加营销场景的内容力，实现更高的营销转化。

（2）购买场景

品牌商从购买场景连接消费者，需要做好消费者购买影响因素分析，在此基础上设计合理的商品策略、渠道策略、沟通策略，缩短转化路径。

（3）消费场景

此处的消费场景主要是指消费者购买后体验商品时的场景。智慧零售强调零售企业要开展商品全生命周期管理，达成交易仅是开始，之后还要对消费者进行维护，以便达成重复购买和口碑传播。为此，品牌商需要在消费场景中做好消费者反馈通道的搭建和售后服务的保障，并加强和消费者的互动等。

品牌商布局场景新零售的关键

（1）提升渠道效能

品牌商布局场景新零售，需要搭建高效、低成本的渠道体系，缩短商品流通环节，实现线上线下一体化运营。

品牌商可以从以下两个方面来提升渠道效能：一方面，打通线上线下，让消费者不仅可以在实体门店体验并享受售后服务，还能进行线上支付、线下自提；另一方面，积极和第三方物流服务商合作，强化供应链管理能力，搭建完善的仓储物流体系。

（2）与消费者建立高效沟通

品牌商可从 3 个方面与消费者建立高效沟通：一是分析消费者习惯使用的沟通渠道，例如，中老年消费者以电话沟通为主，年轻消费者则更青睐微信等新媒体渠道；二是找到能够刺激消费者购买的传播触点，并分析哪些触点方便企业获取消费者的真实需求；三是针对渠道与传播触点特性创作定制化内容，提高与消费者的互动频率，促进口碑传播。

智慧零售环境下的场景重构

场景重构是品牌商布局智慧零售的重要手段，但对于如何重构场景，大部分品牌商并没有明确的答案。

品牌商的场景重构

对零售产业链各参与主体特征进行分析，可以发现平台方往往具备技术优势、模式优势，这让它们可以进行数字化改造与资源整合；零售商的优势在于直面消费者，能够积累丰富的消费者数据；品牌商的优势主要体现在品牌资产和商品自带的场景属性上。

在智慧零售模式下，零售场景应该具备更丰富的内涵。对零售场景进行全面重构，是品牌商的必然选择。

以抽纸为例，从使用方式的角度分析，在以前，抽纸主要用于擦嘴、擦手、擦桌子等，但如今人们对品质生活的需求进一步提升，抽纸在人们日常生活中的应用也更广泛。例如，在清洁皮肤的过程中，很多消费者认为使用毛巾擦脸容易滋生细菌，从而使用一次性纸巾擦脸。

从购买方式的角度分析，在以前，人们通常是在大型商超、卖场降价促销时批量采购。如今，人们逛商超、卖场的时间越来越少，去京东、天猫等电商平台批量购买成为主流方式。

从品牌触达的角度分析，在以前，人们更多的是受电视、报纸、户外广告等传统媒体的"硬广告"影响。如今，人们则是通过朋友推荐或被网络达人影响，接触品牌的过程中掺杂着浓厚的社交色彩。

在智慧零售模式下，品牌商重构零售场景需要充分借助第三方平台及强大的数字化工具，从传统的"消费者找商品"模式转变为"商品找消费者"模式，使消费者在商品的获取和体验方面全面升级。

品牌商零售场景重构的目标

（1）在消费端建立高效营销

品牌商应通过重构零售场景解决以下三大营销痛点。

- 消费者注意力被过度分散：品牌商通过对零售场景中的传播内容和形式进行重构，吸引消费者的注意力。

- 消费者选择困难：品牌商通过对零售场景中的商品价值进行重构，切中消费者的需求痛点，激发其购买欲望。

- 消费者转化困难：品牌商通过对零售场景中的消费者体验进行重构，达成交易转化。

（2）在供应端提升渠道效能

品牌商在供应端提升渠道效能主要体现在以下 3 个方面。

- 供应链成本控制：品牌商可与第三方平台合作并实施数字化改造，对仓储物流等供应链成本进行有效控制。

- 效率优化：品牌商可推动供应链数字化，建立消费者营销体系，有效提高前后台的运营效率。

- 价值增值：品牌商可充分借助跨界方法，整合更多优质资源，为合作伙伴创造更多的利润，实现价值增值。

如何实现"人、货、场"场景连接

新技术的发展和激烈的市场竞争，不断推动着零售企业转型升级。零售企业以互联网为载体、以先进的技术手段为工具，可以在营销场景中与零售行业的三要素"人、货、场"进行连接，进而提高商品的转化率，改善消费者的体验。

连接"人"

如今，消费者的需求愈发个性化、多元化，再加上我国庞大的人口基数，即便小众需求也具有创造丰厚利润的空间。但与此同时，消费者的时间与精力被过度分散，品牌商面临的同质化竞争问题越来越严重。

为了打动消费者，品牌商需要精准洞察消费者的需求，构建更有冲击力、感染力的营销场景，吸引消费者主动购买并进行口碑传播。

创立于 2012 年的三只松鼠之所以能够成为年销售额达百亿元的品牌，除了对商品品质的重视，在发展过程中也十分重视营销。

三只松鼠的创始人认为，如果商品能够满足消费者的需求，那么消费者在购买后就会乐意在朋友圈等社交媒体平台分享商品，在线下也会倾向于向周围的人推荐商品。因此，三只松鼠除了推出消费者体验策略，还利用逆向思维洞察消费者的需求。消费者在收到三只松鼠的包裹后，会发现其中除了购买的商品，还会附赠坚果袋、湿巾、开果器、夹子等。而这种能够设身处地为消费者着想、不遗余力为消费者制造"惊喜"的品牌，自然也容易激发消费者的口碑传播。

连接"货"

品牌商需要结合消费场景进行商品重构，为消费者回答"用什么""如何用"的问题，同时使商品自带传播属性，吸引媒体、网络达人的广泛关注，最终使商品具备更高的溢价能力。

2017 年，已经在瓶装饮用水领域深耕多年的农夫山泉推出"15L 一次性桶装水"，瞄准家庭生活用水和餐饮后厨用水两个细分应用领域。

与 4L、5L 小容量桶装水相比，15L 的桶装水更能满足普通家庭生活用水和餐饮后厨用水的需求；与 19L 桶装水相比，"15L 一次性桶装水"不需要缴纳桶押金、不需要退桶，而且不存在二次污染，使用起来更加安全便捷。此外，农夫山泉"15L 一次性桶装水"的设计也十分贴心，可以直接插入饮水机使用。

实际上，2016 年农夫山泉的部分商品被指定为 G20 峰会专供饮品，其 4L 天然矿泉水被指定为后厨用水。借此时机，农夫山泉推出"做饭用水"的概念，切入家庭后厨场景。为了使"做饭用水"更加深入人心，农夫山泉拍摄了一系列以"做饭用农夫山泉""好水才能煮出好饭"等为主题的广告。

连接"场"

"场"是品牌商和消费者交易的接触点。品牌商要结合商品建立吸引消费者的购买场景，回答消费者"买什么""如何买""在哪买"等问题，使其实现"所想即所见、所见即所得"。

2017 年，星巴克在广州番禺锦绣香江社区内开设我国首家"社区体验店"。星巴克自 1999 年进入我国以来，与商务场景相连的形象已经根深蒂固，而开设"社区体验店"不仅是星巴克突破场景单一瓶颈的一次尝试，也是对"第三空间"场景的一次升级。

与一般的星巴克门店不同，"社区体验店"的环境更趋向于生活化，能够尽可能满足不同消费者的需求，例如："社区体验店"内设置了专属的绘本阅读区域，能够满足带小朋友的消费者的休息需求；"社区体验店"外不仅有专属庭院，还在门口设置了牵引绳挂钩、宠物床和宠物饮水区等，能够满足带宠物的消费者的部分需求。

第 12 章
场景体验：体验经济下的场景营销法则

商品体验：打破传统商品模式

在商品越来越丰富，零售企业之间的同质化竞争愈演愈烈的背景下，对当前的消费需求来说，商品的概念发生了一定的改变：首先，商品已经从"物"的概念转变为一种生活方式需求；其次，商品已经从"物"的概念转变为情感需求；再次，消费者对商品的需求从买到商品转变为购买高品质的商品；最后，商品已经从自带对消费者的影响力转变为需要打造特殊的影响力。

在这种情况下，零售企业对商品体验的认识也要有所转变：零售理念要从"一站购物，一次购足"的零售理念转变为"满足消费者追求高品质生活"的零售理念；经营模式要从"品类管理"转变为"提供一种生活方式"；角色定位要从"商品提供者"转变为"品质生活创造者"。

在零售模式亟须变革的环境下，无论是零售的价值还是零售商品的内涵都需要被重新定义，而消费者的需求和体验也需要得到充分的满足和极大的提升。要想做到这一点，首先要重构商品的结构。

盒马模式打破了传统零售业态（例如传统超市、卖场等）的品类组合原则，重构了商品的品类，使整个品类组合更加趋于扁平化。盒马的经营理念不是为消费者提供一种或几种简单的商品，而是为消费者提供一种品质化的生活方式，因此，盒马的实体门店承担了很多过去需要在家庭中完成的工作，例如清洗、宰杀等，为消费者提供半成品或可以直接食用的成品，使传统零售业态的商品结构被彻底改变。

在这里要注意一点，盒马销售的半成品和成品不仅丰富了商品的品类结构，还使盒马的毛利空间得以有效拓展。另外，在经营方面，盒马摒弃了传统的客单价理论，给消费者提供了极大的方便。

在智慧零售时代，传统的商品模式会在某种程度上得以改变，零售企业从商品提供者向品质生活服务商转变，未来的零售业态也将被重新划分，划分标准将从商品转变为服务，根据以"为谁服务"形成新的分客层的零售业态。同时，零售店铺会聚焦目标消费者，以目标消费者的全方位需求为中心提供包含商品和服务在内的完整的生活服务解决方案。在这种情况下，零售店铺就变成了消费者的"生活助理"，成为人们日常生活不可分割的一部分。

感官刺激：给消费者带来极致体验

在消费不断升级的时代背景下，消费者在选购商品的过程中，不仅会关注商品的物理属性，还会注重自身的感官体验，而后者已经成为影响消费者最终决策的重要因素。研究结果显示，相比于单一的感官刺激，零售企业同时实施多种感官刺激更能吸引消费者。

智慧零售时代，零售企业需要通过体验营销来展现自己的独特优势，实现消费者的积累。在实施体验营销策略时，零售企业需要在体验活动中展现自己的创意，给消费者留下深刻的印象，同时防止陷入同质化竞争的困境。在 AI、物联网、虚拟现实等新一代信息技术的助力下，感官营销能够给消费者带来沉浸式体验，能够对消费者的购物决策产生关键的影响。

通过消费者调查"投其所好"

在以消费者需求为主导的新消费时代，进行消费者调查、充分了解消费者的需求并予以满足，是零售企业营销活动取得成功的关键。

以玛氏食品的 M&M 巧克力豆为例，通过对大量的消费者进行调查，玛氏食品发现人们非常青睐蓝色巧克力豆在嘴中融化的感觉，因此，经过研发团队的设计，玛氏食品推出了蓝色

M&M巧克力豆，这款巧克力豆在取得极高销量的同时，也为玛氏食品沉淀了大量的忠实消费者。

通过技术手段完善消费者体验

运用技术手段来完善消费者体验在企业的品牌营销活动中非常普遍。虽然很多消费者不懂专业技术，但有技术含量的商品及品牌更容易让他们产生信赖感，能够有效提升商品及品牌的知名度。例如，特定的气味能够让人们产生特定的生理或心理感受，将其应用到感官营销中，可以用来激发人们的购物欲望。

在移动互联网及智能手机的助力下，品牌商能够和消费者直接交流，影响其消费决策，当然，品牌方必须深入了解消费者的个性化需求，将营销对象从大众转变为个体。为此，零售企业需要积极借助专业数据服务商提供的数据服务，建立消费者电子档案，并实时为其推荐定制化的营销内容。

通过营造氛围搭建情感通道

氛围对人们的生活与工作会产生十分关键的影响，在舒适愉悦的氛围中，人们会有更强的购物欲望，会延长在门店或购物页面中的停留时间。目前，很多企业通过积极创造良好的氛围来影响消费者的消费决策。

例如，耐克专卖店利用一种特殊的花香型气味，让前来购物的消费者获得放松感、愉悦感，从而提高门店经营业绩与消费者的满意度。三星在纽约的电子产品旗舰店中放置了能够产生甜美的哈密瓜气味的装置，可以让前来购物的消费者缓解压力，使其花费更多的时间来选购真正适合自己的商品。

除了气味，背景音乐对氛围的打造也有很好的效果，例如，进入星巴克门店后，我们很容易被其以爵士、乡村、钢琴曲为主的轻音乐感染，不由自主地放松身心，并点一杯香醇的咖啡来享受这份难得的宁静。

具体来看，参与感官营销的因素包括场景布局、装潢、灯光、气味、背景音乐及服务人员等，多种因素共同发挥作用能够给消费者带来感官及情感刺激。因此，创造对自身有利的营销氛围，往往能够让零售企业的营销推广取得事半功倍的良好效果。

从零售企业的实践来看，虽然人们在购物时都会考虑价格、性能、实用性等客观因素，但人们也非常容易被情感与氛围等非理性因素影响，这就为企业开展感官营销提供了广阔的发挥空间。

情感体验：为消费者提供终身价值

随着经济的发展和人们生活水平的提升，消费者的购物需求也有所改变。但消费主体不同，其购物需求也不同。

在经济不够发达的时代，消费者的需求普遍与衣食住行密切相关。当人们的生活有了明显改善，尤其是互联网大行其道后，人们的精神需求与社交需求更加强烈。在互联网上，借助浏览体验、交互体验、感官体验、信任体验等接触点，零售企业可以与消费者直接对接。

现如今，随着互联网场景越来越丰富，零售企业也越来越多，消费者成为稀缺资源。在这种情况下，零售企业可以通过情感体验与社交体验打造具有终身价值的消费者，以实现持续盈利和长远发展。

作为零售行业的佼佼者，全家便利店已经开始转型，从以商品为中心转变为以消费者为中心。在中国便利店大会上，全家便利店总经理指出：现如今，便利店依然看重"店铺的经营"，也就是仍在关注"店铺的日营业额、利润率"。未来，便利店行业势必将经营重心放在"人"身上，看重"人的经营"，关注"如何经营消费者"。

为了完成转变，全家便利店采取了以下 4 项措施。

- 一个目的。全家便利店引进了三大管理体系：一是消费者忠实度管理体系；二是忠实消费者经营体系；三是消费者终身价值管理体系。通过对消费者的购物行为进行标记来构建消费标签，从而达到寻找目标消费者的目的。
- 两个核心。一是提升消费者的到店率；二是提升消费者的客单价。

- 三个方法。一是推行积分制，提升消费者的到店频率；二是通过"造节"来迎合年轻消费者"贪玩"的消费心理；三是通过线上线下融合为会员提供多元化、个性化的商品和服务。

- 一套新零售策略。"线上线下闭环 + 大数据营销闭环"将消费者的价值最大化。

在实际经营过程中，全家便利店全面贯彻执行了"人的经营"策略。2013年，全家便利店推出了会员制，经过4年的测试、应用，现如今全家便利店的会员数量已逾千万，并且拥有15%的高黏性的收费制会员。通过对会员的深挖，全家便利店也为其全渠道发展奠定了基础。

互动体验：激发消费者的参与感

零售行业属于服务行业，消费者的购物活动实质上也是一种体验生活的过程，因此，需要零售企业搭建舒适愉悦的沟通、互动场景，引发消费者的心理共鸣，让消费者在消费过程中获得感官享受和知觉体验。

在物质极为丰富的当下，人们购物已不再是单纯获取功能性的商品或服务，而是将购物活动本身视为一种体验，希望在此过程中获得情感体验和价值满足。这就需要零售企业精心营造舒适愉悦的购物环境：在客观层面，购物环境是指通过空间结构、灯光、色彩、音乐、气味等的合理设计布局及良好的服务，为消费者带来舒适的体验；在主观层面，舒适的购物环境是指能够让消费者在购物过程中产生特殊心理情感体验的氛围。

互动体验：加强活动中的互动性

体验营销具有很强的互动性，需要通过充分展示商品的外观、性能等为消费者打造强烈良好的感官体验。对营销人员来说，应积极主动地与消费者交流互动，了解消费者的思维与行动，帮助消费者顺利完成商品体验活动。

在体验营销活动中，营销人员要积极主动地向消费者介绍商品的制作材料、工艺方法、生产企业的情况、商品的性能品质、售后服务等信息，特别要详细阐述商品的功能、优势和使用方法，从而让消费者对商品产生好奇心和探究欲，愿意去体验商品。

需要注意的是，商品介绍并不是单向的信息传输，而应该是消费者充分参与的互动过程，因此，营销人员在介绍商品时，要实时观察消费者的反应并主动与消费者沟通交流，以准确把握消费者的兴趣点、困惑点，及时补充信息，使消费者获得良好的商品体验。

过程体验：满足消费者的心理需求

互联网商业时代，消费者的主体意识不断增强，他们不愿只成为商品的被动消费者，而是希望关注甚至参与到商品的研发、设计和生产制造的过程中，并从中获得一种更高层次的心理情感体验。因此，过程体验成为越来越多零售企业常用的营销手段，例如，邀请消费者参观企业生产线、开展工业旅游、鼓励消费者参与商品或服务的研发、设计等，以此为消费者创造更多良好的体验，提升品牌的价值和消费者的忠实度。

另外，在体验经济时代，消费者青睐的是更高层次的消费与体验的统一，而不是商品或服务本身。在这种情况下，价格虽对消费者仍有一定的影响，但无法让消费者产生情感上的共鸣，不能满足其更高层次的心理需求，自然也无法长久吸引消费者。

因此，零售企业在采取体验营销策略时，必须高度重视消费者参与互动的过程体验，充分满足他们的情感诉求，如此才能获取消费者的认同与信任。

保证体验营销的良好效果

体验营销是以消费者为中心，通过提供良好的商品、服务、互动、场景等体验激发消费者的心理情感共鸣，从而实现营销目标。在这一过程中，除了要设计出良好的商品与明确的体验主题，更重要的是要注重导购或工作人员的表现，他们是将良好的商品、完美的体验传递给消费者的关键，直接影响着营销的效果。因此，零售企业需要打造一支过硬的营销团队，以保证体验营销能够取得预期效果。

从消费者的角度来看，体验营销活动场景是陌生的，在参与过程中必然会遇到各种问题，不可能完全自主完成，需要工作人员的合理引导与配合。如此才能真正激发消费者的心理情感共鸣，让消费者享受到美妙的体验。

而对零售企业员工而言，不同消费者的个性特质与心理诉求是有差异的，因此需要基于精准的消费者定位，灵活、创造性地采取不同的引导策略，帮助消费者完成体验营销活动，满足其个性化的心理诉求。

用情感增强体验

用情感增强体验的逻辑在于，零售企业分析消费者的情感与精神需求，并找到满足这种需求的解决方案。在不同的场景中，人们会产生不同的情感，而为了确保营销效果良好，零售企业应该尽可能地引导消费者产生积极情感，例如，欢乐、感动、自豪等，从而让目标群体产生情感共鸣，影响消费者的购买决策。例如，在春节期间，零售企业可以在人流密集的地铁中张贴有"年味"的广告，并提供购买礼品的二维码等；在母亲节，向目标群体推荐便于中老年人使用的全自动洗衣机等，在让儿女们表达孝心、促进家庭和谐的同时，还有利于树立零售企业在消费者心中的正面形象。

可口可乐：情感驱动的品牌体验法则

1886 年，首瓶可口可乐在亚特兰大的雅各药店售出，售价5 美分，第一年平均每天卖出 9 杯。历经多年的发展，如今可口可乐已经成为全球顶级饮料品牌。

发展初期，可口可乐的成功更多地被归功于它拥有的独特配方。但随着饮料市场规模的不断扩大，强有力的竞争对手——百事可乐横空出世。同时，饮料品类也越来越多元化，果汁、奶制品、茶类饮料等领域的竞争对手也大量涌现。但这并没有撼动可口可乐在饮料领域的"霸主级"地位，此时，再将其成功归属为配方独特显然是不合理的。那么，究竟是什么让这个百年品牌实现了基业长青？原因无疑是多方面的，但一个核心因素在于，它对品牌情感的独特经营之道。

从 3A 品牌策略到 3P 品牌策略

早期的可口可乐采用了 3A 品牌策略，即 Availability（买得到）、Affordability（买得起）、Acceptability（乐意买）。1995年，可口可乐对品牌策略进行升级，提出了 3P 品牌策略，即 Pervasiveness（无处不在）、Price（物超所值）、Preference（首选品牌）。从 3A 品牌策略到 3P 品牌策略的转变，充分体现了可口可乐对消费者展开深层次情感交流的坚持与执着。

（1）从"买得到"到"无处不在"

持续提高市场渗透率，是可口可乐可以触及更多消费者，使消费者可以便捷购买，并与之进行情感交流的重要基础。

常规可口可乐（玻璃瓶装 200mL、罐装 330mL）的体积较小，在便利店、自助售货机、食堂、超市、百货商场、购物中心等各种场景中皆可售卖，再加上跨越时间与空间限制的电商渠道，更是为可口可乐实现"无处不在"奠定了良好的基础。

（2）从"买得起"到"物超所值"

提高商品的性价比，用价值赢得消费者的信任。价值是影响消费者购买决策的核心要素，商品特性与庞大的销量，使可口可乐可以充分发挥规模效应，降低生产成本，让利消费者，进而扩大商品销量，提高复购率。在多次的购买过程中，消费者逐渐对可口可乐建立了信任。

（3）从"乐意买"到"首选品牌"

成为消费者心中饮料界的"首选品牌"，意味着消费者对品牌形成了极高的忠实度，而想要做到这一点，无疑是一件非常困难的事情。可口可乐在这方面拥有明显的领先优势，可口可乐经过上百年的积累与沉淀，足以证明其商品能够经得起市场的考验，对很多专业知识不足的消费者而言，选择经过市场验证的品牌是一种合理的决策。

同时，可口可乐将自身融入消费者的日常生活，例如：营销人员为目标客户赠送带有可口可乐标志的日历、记事本、温度计等生活常用品；在全球范围内赞助足球、篮球、橄榄球、乒乓球等各种赛事活动等。

可口可乐成情感驱动符号

在洞察消费者情感需求的基础上，提出接地气、打动人心的"情感驱动符号"，也是可口可乐情感营销的有效手段。

可口可乐在营销活动中提出了一系列通俗易懂、能够激发消费者情感共鸣的口号，例如，"要爽由自己""春节带我回家"等。在端午、中秋、春节等节日中，可口可乐温暖人心的广告更是给人们留下了深刻印象。

世博会、奥运会、世界杯等大型体育赛事是世界各国关注的焦点，在活动期间，可口可乐积极开展借势营销，与消费者进行深入的沟通和交流。例如，在南非世界杯期间，可口可乐推出了世界杯主题罐，并邀请各国明星参加线上或线下活动，为赛事预热，充分点燃了民众的参与热情。在这个过程中，可口可乐也在不知不觉中传播其品牌文化与价值观，实现了与消费者的深层次情感交流。

可口可乐前总裁伍德瑞夫曾表示："即使可口可乐在全球的生产工厂在一夜之间被大火烧毁，只要可口可乐品牌在，几年时间就可以重新建成新的可口可乐王国。"这充分体现了伍德瑞夫对可口可乐品牌价值的高度自信。

注意力经济时代，品牌的价值被提升到全新的高度，而与消费者进行情感交流，使品牌成为在消费者心中留下深刻印象的"情感驱动符号"，是打造高价值品牌的必然选择。对广大中国企业而言，不但要学习可口可乐等海外品牌对商品品质与质量的严格把控，更要学习其品牌经营的理念和模式，只有这样才能建立更多有情感、有温度的国产自主品牌，在世界舞台上充分展现中国企业的风采。

第五部分

数字化门店

第 13 章
技术赋能："智能＋"时代的零售变革

新技术、新业态、新场景

1998—2000 年，我国的互联网电商进入发展阶段，开启了新一轮消费变革。一时间，"试衣间"理论在零售行业开始流行。该理论认为，随着零售变革的到来，消费者会逐渐倾向于先在线下商场体验，再到线上商城购买。传统零售企业的经营者也普遍认为，电商对实体门店造成了巨大的冲击，导致线下消费者流失、业绩下滑。其实，这只是表象，真正给传统零售企业造成冲击的是"消费者变了"。

移动互联网兴起后，消费者的变化更令人吃惊，仿佛一夜之间消费者萌生了一个共同的兴趣爱好：使用手机浏览网页、使用手机购物、使用手机看视频、使用手机开展社交活动……人们的生活与移动智能终端紧紧绑定在一起。通过移动智能终端，消费者的购物活动打破了时空限制，随时随地购买已成为零售行业的购物趋势。另外，相较于零售企业的推广和营销，消费者更倾向于相信亲朋好友、同事，甚至陌生网友的意见与建议。于是，素未谋面的消费者们聚集在一起相互交流购买经验、购物心得，形成一个个消费社群。

在此形势下，生产商、零售商逐渐失去了消费主导权，消费者占据了主导地位。借助互联网、移动互联网技术，消费者不仅可以主动搜索信息、消除信息不对称现象，还能生产内容。加之社交网络带动，人们的购物方式发生了根本性改变。正因为如此，现阶段，所谓的"消费者"已经不再是某一个消费者，而是一群消费者。

数字时代的到来，打破了消费者购物的时空限制，所有消费者都可以在自己的社交圈中搜索、转发、共享商品信息。与之相对应的，零售企业的核心竞争力逐渐从"信息""渠道"转向"价值观""社交圈"，品牌营销逐渐转变为"价值观营销"或"社交圈营销"。

（1）新技术：以新的交互方式和消费者沟通

从"吸引消费者关注"到"达成交易"，零售企业不能简单地依靠商品，而是应该利用和商品相关的一系列服务。移动互联网、传感器、大数据等技术显著提高了零售企业连接消费者的能力，为零售企业提供了多元化的消费者沟通方式。

以耐克为例，耐克发布了"NIKE+"计划，利用"可穿戴设备＋线上社群＋体验营销"和消费者进行全渠道交互，商品销售与品牌建设效果非常好。

（2）新业态：去边界、共享化的核心是人的需求

打破边界限制、促进优质资源的共享，以便为消费者提供极致的购物体验，是零售业态升级的有效手段，也是零售企业实现消费者价值的必然选择。零售新业态是多种创意与灵感碰撞融合的产物，其根本追求是满足消费者的需求。

例如，饿了么等外卖平台用大数据为骑手规划配送路线，通过移动互联网帮助商家连接更多的消费者，不仅有效提高了餐饮店的运营效率与盈利能力，更极大地改善了消费者的订餐体验。

（3）新场景：移动互联网和大数据重构传统零售

数据、场景、体验是智慧零售模式的重要元素。未来，零售企业提高生存能力的关键在于积极通过移动互联网、大数据、虚拟现实等技术融入消费者的生活场景，通过体验、情感、文化等非实物方式触动消费者，促进商品的口碑传播。

数字技术重构零售效率

技术因素在零售企业变革过程中发挥着重要的推动作用。对零售行业发展历程进行分析可以发现，技术始终是该领域发展的主要驱动力。

近年来，网络技术、通信技术、信息技术、AI技术等各项技术都处在日新月异的发展状态中。技术方面的革新能够对零售行业的发展产生极大的影响，促使相关企业积极革新原有的经营方式及发展模式。零售企业要想进行零售变革，无论是围绕流量、场景构建新的零售逻辑，构建线上线下全渠道模式，还是得到当前先进的通信技术、机器学习、智能技术的助力，都必须构建一个全新的信息技术系统。

在这方面必须明确一点：未来，零售企业运营成本的降低，尤其是人力成本、协作成本、物流成本的降低都必须依赖一套运行稳定、流程先进、高效协同、智能化支持的信息系统。另外，未来的零售企业必须具备一定的技术发展能力，因为其所有的业务模式都将在信息技术系统的支持下构建，其业务模式要以零售企业的信息系统为依托，而非依赖于单个个体。

对零售企业而言，构建连接能产生巨大的市场价值。随着互联网、信息技术、移动通信技术的迅猛发展，零售企业的全方位连接有了实现条件。因此，零售企业的信息系统建设要秉持开放思维，面对内外部多层级、多环节的管理关系，与多元化的结算方式、物流配送、售后客服等建立连接，在全面连接的环境下实现企业业务的高效协同。

零售企业要想解决现有信息系统的效率问题，关键要解决数据的动态化问题，只有将过去高效消费者响应的静态数据、时点数据转变为动态数据，才能让其在实际连接与业务需求中发挥出最大的作用。换句话说，数据只有实现动态化，才能实现价值最大化。在这个过程中，零售企业须借助一定的技术手段，切实提高业务处理效率，以满足多元化业务的处理需求。

在数字技术的驱动下，零售企业需要对传统的零售模式、渠道进行变革。5G 和物联网等技术的发展，使信息的传播效率得到了大幅提升，并实现了人与人、人与物、物与物之间的连通。5G 可以推动多个领域的变革，以家电品牌海尔为例，伴随网络技术的升级，海尔冰箱在为消费者提供制冷、保鲜功能的同时，还能获取消费者的消费数据，精准分析消费者的需求，并进一步提升消费者的体验。

与消费者的个性化、多元化需求相对应，定制化服务模式也将在诸多领域得到广泛应用。在这个过程中，信息技术将不断升级换代，动态数据将取代静态数据，零售企业在应用智能技术、云计算技术的基础上，能够建立完善的信息系统，为自身的经营及发展提供更加精准的数据参考。

此外，物流也是零售企业在转型过程中不可忽视的环节。随着技术的发展与进步，交通运输工具的性能将大幅提高，不仅能够帮助零售企业提高物流效率，还可以减少零售企业的成本消耗。具体来说，随着AI、自动驾驶等技术的发展和推广应用，零售企业的物流成本将大幅降低，越来越多的零售企业将为消费者提供送货上门服务。

现阶段，为了满足市场需求，生产企业、渠道商及零售企业都进行库存管理，未来，零售企业在库存管理环节的投入将大幅降低，转而聚焦于满足消费者的需求。与此同时，自动识别技术、AI技术也将在零售行业得到应用，在节约人力资源的同时，也将加快整个零售行业的运转。

零售企业经营决策的智能化升级

零售行业的变革无疑要经过市场的检验与认可，而市场竞争则进一步推动了零售行业的变革。

现阶段，零售企业面临着激烈的市场竞争，尤其是不同渠道之间的竞争表现得极为突出，越来越多的消费者倾向于通过线上渠道满足自身的消费需求，而这给传统零售企业的发展带来了巨大冲击。与此同时，市场上涌现出许多零售新业态，这些零售新业态呈现迅猛发展态势，进一步加剧了该领域的市场竞争。不仅如此，随着零售行业的转型和升级，其业态形式必将更加丰富，不同企业之间、企业的各个渠道之间都有可能展开流量争夺战。零售市场将由分散走向集中、由大众化走向小众化、由单一化走向多元化，并形成不同类型的圈层，给零售产业格局带来颠覆性变革。

未来，零售企业的 3 种形态如图 13-1 所示。

图 13-1　零售企业的 3 种形态

- **物理形态**：典型代表是具有强大连接能力的连接型企业。

- **敏捷形态**：复杂而激烈的市场竞争迫使零售企业具备较

高的敏捷性、灵活性、适应性。当然，这仅依靠零售企业自身是远远不够的，还需要厂商、技术方案供应商、物流服务商等产业链上下游伙伴的携手合作。

● **数据形态**：移动互联网、物联网、传感器、大数据等技术的发展，使零售企业能够以较低的成本对海量数据进行高效搜集、分析及应用。消费者在日常生活与工作中，每天都会产生大量数据，这些数据无疑是零售企业宝贵的战略资源，不过想要对这些数据资源的价值进行挖掘，还需要与场景尤其是有逻辑的数据场景相结合，这样才能让零售企业更好地利用大数据打造 AI 系统，促使零售企业的经营管理能力持续提升，帮助零售企业构建更强大的市场竞争力。

对零售企业来说，新技术的应用将产生以下 3 个好处。

● 解决信息不对称与企业组织架构臃肿的"大企业病"。新技术的应用能够让企业组织内部之间及组织外部进行实时交互，有效解决传统零售企业部门林立、条块分割造成的"信息孤岛"问题。同时，新技术的应用还能使组织架构虚拟化、社会化，促使以服务消费者为导向的管理理念深入人心。

● 零售企业的开放性得到显著提升。在物联网、大数据等技术的支持下，零售企业将连接人与物，连接合作伙伴，连接各种服务，形成广覆盖、强交互的价值网，建立能够对各种优质资源进行高效整合的生态系统。

- 管理决策将由大数据驱动，避免"拍脑袋"决策。传统零售企业的高层管理者往往缺乏实际调研，大多是通过下属提交的各种报告来研究市场、制定战略规划，这会使管理决策带有浓厚的个人主观色彩。而数据形态的零售企业根据大数据分析结果制定决策，决策更客观、更符合实际情况。

既然连接与数据具有如此高的价值，那么如何让零售企业未来成为数据驱动的连接型组织呢？可以从两个方面来解决这一问题：一是推动组织成员思想进步，二是引进更多的新技术和工具。思想进步有助于零售企业制定行之有效的战略规划与实施方案，而新技术和工具可以帮助零售企业以更低的成本、更高的效率建立连接型组织。

身处复杂多变的数字时代，所有零售企业都应该建立全面连接，持续为消费者创造价值。未来，人与人、人与物、物与物都有可能实现无缝对接，从而创造巨大的交互价值、协同价值。零售企业应以消费者为导向，与更多的合作伙伴共享消费者、数据、人才等优质资源，构建资源共享体、相互赋能体及价值共同体，持续开展创新与变革，不断为自身创造新的利润增长点。

零售巨头的数字化运营系统

我国零售市场环境比较复杂，在很长一段时间内，零售行业的发展都呈现出一种高度分散的格局，但这并不意味着我国零售行业不需要变革。零售行业变革的核心并不是单一的业态创新或投资并购，而是要开启数字化运营，以数据为基础构建一个新的零售生态。

目前，在零售行业，阿里巴巴、腾讯、京东等已经成为当之无愧的核心企业，各大品牌商也纷纷与这些企业在数据层面进行深度合作，开展精准营销。例如，在合作过程中，品牌商往往自带由专业技术人员组成的团队，深度挖掘数据潜藏的价值。

在此形势下，很多企业都计划进行组织结构转型，以期实现数据价值的最大化、消费者体验的一体化。除了品牌商，CRM 服务商、市场调研公司、电商运营服务商等服务企业也在消费者数据革命的驱动下开展业务转型，以满足消费者提出的新的商业服务需求。

在整个零售生态中，阿里巴巴、腾讯、京东等互联网企业属于基础设施供应商，为其他零售企业提供数字化服务系统。该系统由 3 个基础部分构成：一是客流优化系统，二是智能商品系统，三是数字化供应链系统。在向智慧零售转型的过程中，零售企业、品牌商将对该系统产生高度依赖。届时，这些互联网巨头甚至不需要直接参与零售运营，就能通过衍生服务变现。

数字化服务系统的内容如图 13-2 所示。

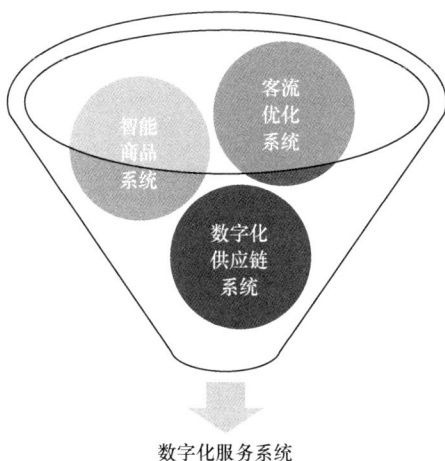

数字化服务系统

图 13-2　数字化服务系统的内容

（1）客流优化系统

在智慧零售模式中，互联网平台极有可能成为流量分配中心，为零售企业分发流量。这些流量包括线上流量与线下流量，在线上流量方面，零售企业将构建"线上下单、线下配送"的"三公里生活圈"，以互联网平台为轴心，将海量的实体门店连在一起。

实体门店的连接方式多种多样，不一定是"阿里巴巴—盒马"的自营模式或"京东—沃尔玛"式的战略合作模式，也可以是"美团—商家"的系统接入模式。这样一来，包括传统实体门店在内的海量长尾零售终端将纳入数字化服务系统。消费者线上下单，客流优化系统对这些订单进行统一分配。

在线下流量方面，互联网企业借助渗透率极高的支付、通信等应用，可以根据消费者的位置向其推送周边实体商家的信息。在这个过程中，互联网平台作为流量中枢，可以向商家收取流量费或广告费。

（2）智能商品系统

未来，消费者在线上购物，或通过智慧门店购物，或在线下购物时使用移动支付，其购物行为都可以被商家记录下来，阿里巴巴、腾讯、京东等互联网企业能够通过收集这些数据构建消费者行为数据库。其中，线上购物可记录相关商品的信息，线下移动支付只能记录消费额等信息，而智慧门店购物记录的信息最全面，包括商品信息、消费者的门店行为，以及其他消费者数据等。

阿里巴巴构建的品牌数据银行可看作消费者行为数据库的雏形，只不过阿里巴巴的品牌数据银行目前只收集了消费者的线上行为数据，对于零售商与品牌商来说，这个数据库的价值非常大。

从零售商的角度看，通过这个数据库，零售商可获知消费者的购物偏好，有针对性地向其推荐商品，完善品类规划。

从品牌商的角度看，一方面，通过智能商品系统，品牌商可以获知消费者的偏好数据，为商品研发提供依据；另一方面，智能商品系统会向商家推荐商品，将品牌商与消费者连接在一起。在这种情况下，零售商的竞争力模型将发生巨大变革。

（3）数字化供应链系统

从零售行业的发展趋势来看，零售行业既有的经销体系将被阿里零售通、京东新通路等 B2B 分销模式颠覆，阿里巴巴、京东等互联网企业将利用 B2B 平台推动供应链生态开展数字化革命。目前，B2B 平台无法完全取代一级经销商及其物流网络，但可以将这些分散的经销商纳入同一个网络。在这个统一的网络中，供应商信息、进销存数据都将实现实时在线，品牌商可借此预测消费者的需求，并统筹、优化物流资源。

目前，仅进销存数据实时在线就是很多大型快消品企业一直未能解决的业务难题。如果这一设想成为现实，数字化供应链系统的价值将无法估量。另外，在这个统一的网络中，互联网平台公司可以衍生出很多具有良好发展前景的业务。

第 14 章

组织创新：实现智慧零售转型的关键点

建立以消费者为中心的经营理念

在智慧零售时代，零售企业应充分掌握消费者需求，积极引入新思维、新技术、新管理模式，革新商品与服务、零售模式、经营管理手段等，实现跨越式发展。

在消费者主导时代，能否满足消费者需求成为衡量零售企业价值创造能力的重要因素，也是零售企业能否构建核心竞争力的关键所在。而想要满足消费者需求，零售企业必须树立以消费者为中心的理念，基于消费者需求进行经营模式创新。例如，近几年"城市奥莱"模式逐渐崛起，与传统的奥莱模式相比，其更符合当前消费者的消费习惯。

智能化、全渠道战略布局

在吸引消费者方面，传统零售模式过度依赖降价促销；在产业链协同方面，传统零售模式中的产业链上下游企业往往"各自为战"，盲目追求自身的短期利益，例如，品牌商向零售商收取高昂的品牌使用费，生产商要求经销商压货等。传统零售模式不仅造成了严重的资源浪费，而且使商品流通效率低下，给各环节的企业均带来了较大的负面影响。

想要打破传统零售模式，生产商、经销商、零售商、品牌商等各参与企业必须积极构建开放、分享、联合、整合的零售新模式，在降低商品流通成本的同时，有效提高整个产业链的价值创造能力。零售企业要秉承共建共创、共赢共享的理念，争做赋能者，整合各方优质资源，推动零售效率的提升和成本的控制。

随着科技发展、社会进步，越来越多的消费者选择全渠道消费，例如，线上下单，实体门店自提；线上领取代金券，前往实体门店购物消费等。零售企业必须转变过度依赖降价促销的经营理念，将传统的双方买卖关系转变为信任关系、连接关系、合作关系，以为消费者创造价值来赢得认可与信任。

智能化是科技发展的必然结果。AI、大数据、物联网等技术在各行业不断渗透，驱动着人类社会向智能社会迈进，零售行业也是如此。这种智能化并非简单地体现在应用自动收款机、导购机器人等智能设备与技术方面，更体现在经营管理流程与体系的全方位变革中。例如，洞察消费者需求、构建营销场景、精准推送个性信息、供应链协同管理、商品全生命周期服务等环节都将变得智能化。商品与消费者都将实现智能化管理，而且管理人员的工作负担大幅降低，工作效率得到明显提升。

试想一下这样的场景：消费者刷脸进入门店后，零售企业后台系统快速识别消费者，并从数据库中调取其个人基本信息、需求偏好、购买习惯等，然后立即向消费者携带的智能手机推送个性化的商品及优惠券，并为导购机器人设置更加符合消费者交流习惯的沟通模式。在这种情况下，消费者会发现该门店竟然比自己更了解自己的需求，并最终方便快捷地选购到适合自己的商品后满意离开。在这样的零售模式中，不仅零售企业可以沉淀大量的忠实消费者，消费者本身的购物需求也会得到极大的满足。

变革传统组织管理模式

在零售企业向智慧零售转型的过程中，除了需要建立以消费者为中心的经营理念及进行智能化、全渠道战略布局，还必须变革传统的组织管理模式。

战略思维变革

以招商为主的"二房东"思维是商超百货、购物中心等实体零售企业的典型思维模式。在这种模式下，零售企业关注的重点并非聚焦于消费者是否购买商品、市场环境是否发生变化，以及品牌商能否获得利润等问题，只要商户按时缴纳租金即可。因为供应商利益得不到充分保障，所以零供合作关系很难长期维持。现阶段，零售行业的竞争日益加剧，导致渠道垄断被打破，很多零售企业陷入经营困境。

在智慧零售时代，零售企业必须转变战略思维，不能将利润获取建立在压榨供应商利益的基础上，而应该和供应商深入合作，与之建立平等、共创、共赢的新型合作关系。

零售企业应将供应商的商品和品牌当作自营商品与品牌进行管理、运营，充分发挥自身直面消费者的优势，助力供应商进行商品设计与研发、库存优化、营销推广、提供售后服务等，真正为消费者创造价值，从而提高商品销量，扩大市场份额，实现共赢。

组织变革

高效、富有活力与创造力的组织模式，是零售企业实现持续增长的重要保障。而零售企业普遍采用的等级分明、封闭僵化的组织模式已经很难适应智慧零售时代的零售企业生存需要。如果零售企业继续沿用标准化、流程化、强调执行效率的管理模式，势必使零售企业失去灵活性、创新性，难以对市场变化做出快速反应。

在这种情况下，零售企业很难重新定义员工价值，让员工充分发挥能动性。例如，在传统企业组织模式中，理货员处于组织结构的最底层，几乎没有人会关心理货员在想什么，更不会认为理货员能贡献有建设性的策略与营销方案，但采用智慧零售模式的企业不仅要尊重基层员工，更要重视基层员工。因为基层员工和消费者直接接触，更了解消费者心中所想，是企业真正做到以消费者为导向的重要保障。

管理变革

受思维模式与经营理念的影响，传统零售企业的经营管理模式比较粗放、低效，往往会为供应商设置一系列规则，而忽视应该为供应商提供的各种支持服务，对消费者也缺乏人性化关怀。

在智慧零售时代，零售企业必须转变管理模式，从粗放、低效的管理模式转变为精细、高效的细节管理模式，在品牌组合、功能搭配、物业环境塑造、人性化及个性化服务等方面做出一系列调整，为广大消费者及企业提供优质服务。

此外，零售企业还需要积极触网，将线上与线下的各种渠道融合，将大数据、云计算等技术应用到企业经营管理中，降低消费者的购物时间成本，使其更加方便快捷地购买到真正适合自身的商品，并获得良好的购物体验。数据是数字时代的重要战略资源，通过对海量经营数据的搜集、分析，零售企业能够对自身的组织结构、业务流程、管理理念等进行不断优化完善，从更多的细节出发，为消费者及供应商提供优质的服务，实现多方合作共赢。

进行科学的品类规划与管理

零售是生产商或零售商将商品卖给个体或社会团体消费者的交易活动。商品是零售不可或缺的关键组成部分，它是零售企业为消费者创造价值的集中体现，也是零售企业和消费者连接的重要媒介。因此，重视对商品进行分析、研究及管理是智慧零售的重要标志之一。

商品管理或者说是品类管理强调在海量的商品中找到满足目标消费者需求且适合零售企业经营的商品，并借助科学合理的品类组合，在吸引较多流量的同时实现利益最大化。显然，这是一项难度较高的复杂工作，既要求企业管理者遵循客观规律，又要求企业管理者积极创新。

货架陈列管理

对品类管理来说，货架陈列管理是一项基础工作，其主要内容是由零售企业总部对所有门店的商品陈列进行统一管理。在该项工作实施之前，零售企业总部只能大致预测门店商品的销售情况，很难掌握销售结果产生的原因。

例如，某商品的销量及销售额很差，其原因有可能是商品在货架中的陈列位置不佳，或者商品的陈列归类与消费者决策不符。如果零售企业总部能够掌控门店的商品陈列情况，就能以此为依据更好地制定品类评价指标，改善商品的销售现状。

各个门店应按照零售企业总部的要求对商品进行陈列，并积极主动地与总部沟通，实时向总部反馈商品品类管理详情。

品类评价指标管理

面对数量众多的商品品类，零售企业要想做好品类管理，让其在同品类竞争中占据优势地位，就必须制定品类评价指标，并以这些指标为依据对各品类商品进行评价；再根据评价指标协调各种品类商品之间的关系，例如商品种类与数量的关系、商品种类与空间的关系、价格与销售的关系、促销与销售的关系、服务与零售企业品牌的关系等。

在品类评价指标逐渐被零售企业接受并用在日常管理中后，零售企业的品类管理只需对评价指标做出相应调整即可。

品类发展管理

品类发展管理的主要任务是让各个商品品类在一个细分市场中占据优势地位，具体做法是零售企业为消费者提供商品附加服务，不断提升消费者的满意度。

对零售企业来说，不同的商品品类可以采用不同的策略，例如，有的商品品类用于带动客流量，有的商品品类用于获取利润，有的商品品类用于构建企业品牌等。即使是相同的商品品类、相同的零售业态，零售企业所采取的发展策略也有很大的不同。以中型超市中的纸品为例，有的零售企业会为其设立较为优惠的价格、为消费者提供高附加值的服务，在消费者心目中树立物美价廉的形象；有的零售企业则用其丰富自己的商品品类，为消费者的日常购物提供方便。

此外，在针对不同的商品品类制定相应的发展策略后，零售企业还需要严格按照发展策略推动商品品类朝着目标方向稳步前进。

第 15 章
连接消费者：实体门店的引流与转化

数字时代的跃迁

随着大数据、AI 等技术的快速发展，人类社会逐渐由工业时代迈入数字时代。在此期间，各行各业发生了巨大变革，甚至出现了用工业时代的很多理论无法解释的经济现象，我们可以将这种变化称为"跃迁"。对零售行业的从业者而言，理解从工业时代到数字时代跃迁的本质，才能够明白零售行业将面临怎样的变革，以及以实体门店等为代表的零售企业又应该如何有效地引流和转化。

"市场"的改变

想要明确从工业时代到数字时代跃迁的本质，就要找到一个合适的切入点，也就是探究数字时代的基本单元——产业链市场。

根据经济学中的定义，市场是由买方和卖方组成的，产业链市场也是如此。产业链市场中的买方指的是客户，卖方指的是生产企业。在消费互联网时代，买方指的是消费者，卖方指的是消费品生产企业。在工业时代，因为买方与卖方的交易大多发生在线下，所以产业链市场表现出鲜明的线下属性。一般来说，一个完整的消费品产业链市场应该包含一个"零售市场"、一个"流通市场"，前者指的是消费者与终端经销商交易商品和服务所形成的市场，后者指的是终端经销商与生产企业交易商品和服务所形成的市场。

随着互联网的快速发展，新浪、搜狐等网站及淘宝、京东等电商企业相继出现，工业时代开始转向数字时代，产业链市场随之发生裂变，形成传统的线下产业链市场和新兴的线上消费市场，最终引发了整个零售产业乃至市场的改变。

价值链角色发生变化

在工业时代，价值链中各主体所扮演的角色及其所承担的功能都比较稳定。但进入数字时代后，价值链角色及其功能的稳定性大打折扣，价值链中原有的角色不断消失，新角色不断出现，角色种类发生了较大改变。

价值链角色功能的不稳定性主要表现在角色价值功能增加、功能发生转换、功能减弱 3 个方面。数字时代，交易双方的信息越来越对称，商品与服务的价格越来越透明，物流越来越便利，小零售门店的功能不断增强；同时，原本在产业链市场中居于末端的经销商凭借资金实力与团队资源，越过传统零售商，直接面向消费者开展交易，以更低的交易成本获取更大的利润。随着 KOL、社群群主等具有一定影响力的角色出现，线上店铺的功能逐渐减弱。

以母婴消费品产业链为例，进入数字时代以来，该产业链出现了很多新角色，包括线上的育婴博主、母婴社群的群主、各大网站平台的上传者，以及线下具有影响力的妈妈等。这些角色成为新的消费者流量掌控者，能够促成交易，成为新的交易角色，并对传统母婴店产生了一定的影响。

其实，这些在数字时代出现的交易角色有些原来是传统的线下交易角色，早在工业时代就已存在；有些是随着线上市场的发展新出现的流量节点。在新交易角色出现的同时，也有一些传统的交易角色消失，例如中关村电子市场的零售商。

总而言之，相较于工业时代，价值链角色的种类与功能的不稳定性可以视为数字时代的本质之一。在传统认知模式下，人们经常从市场与企业两个维度切入，探索经济发展规律。在数字时代，这两大要素都发生了巨大变革。

"新物种"不断崛起

在工业时代，供应链以生产企业为原点，通过层层分销形成一个覆盖全国市场乃至全球市场的网络，呈现出典型的"金字塔"结构。在这种供应链体系中，企业之间的竞争无处不在，涉及物流、资金流、商流、信息流等，供应链的运转效率极低。

进入数字时代后，随着商品种类与数量越来越多，产业链市场呈现出典型的供过于求的状态。在这种情况下，产业链市场中出现了组织者。组织者全面挖掘消费者的需求，根据需求组织高效的供应链体系为消费者提供商品与服务，从而提高消费者的满意度。例如，阿里巴巴组织供应商、物流服务提供商、金融服务提供商来满足消费者以较低的价格购买优质商品，并享受快捷物流体验的需求，京东也是如此，只不过二者的组织形式不同。

这种反向供应链形态是企业利用数字技术与数字手段打造的。在这种供应链形态中，物流、资金流、商流、信息流的运转效率得到了大幅提升。组织方将不同类型的企业组织到一起，形成企业间协同组织，这样就出现了两个主体：一个是组织方，即平台企业；另一个是企业间协同组织。

在工业时代，企业家是组织者，会将资金、技术、人才、渠道等资源整合到一起，形成企业的竞争优势。因此，在研究工业时代的市场发展规律时，会将企业家和企业作为主要研究对象。在数字时代，市场竞争主体不再是单一的企业，而是平台企业构建的企业间协同组织，例如，阿里巴巴构建的企业间协同组织与京东构建的企业间协同组织之间的竞争。当然，单一的企业并没有退出市场，而是以某种方式继续参与市场竞争。

可以说，企业间协同组织或者数字生态是数字时代产生的"新物种"。这种数字生态不仅对原有的市场与企业造成巨大的冲击，而且随着企业间协同组织不断扩张，这种影响将覆盖更多的产业链市场。例如，淘宝创建的企业间协同组织覆盖了服装、食品、五金、电器、文具、日用品等多个产业链市场。面对这种跨越多个产业链市场的企业间协同组织，业务单一的企业毫无招架之力。

总而言之，数字时代的产业组织是建立在产业链市场纵向价值链上的数字生态，具有强大的颠覆性与影响力，不仅可以参与微观市场的竞争，还可以颠覆中观甚至宏观的产业链结构与格局。作为数字时代的独特产物，产业组织具有独特的运行规律。随着消费互联网逐渐转向产业互联网，产业组织将发挥越来越重要的作用。

因此，在数字时代，企业的数字化转型不仅是某一家企业利用大数据、AI、物联网等技术与数字化工具改造原有的业务流程与运营模式，提高个体竞争力，还要面对整个数字生态，采用合适的竞争方式来应对数字时代带来的一系列变革。在这个过程中，数字化只是一种工具与手段，经营思维的转变才是关键。

实现"人、货、场"的深度融合

和电商平台相比，实体门店有一定的优势，例如，在线下场景中，消费者能够体验真实的商品，享受导购面对面的服务。在电商平台购物时，人们通常将更多的时间与精力用在价格对比。而在实体门店购物过程中，除了价格，人们还关注实际体验。例如，部分消费者更倾向于在实体门店购买家电等商品。但传统的实体门店又存在连接能力不足的问题，必须通过互联网技术对其进行改造。

实现"人、货、场"的深度融合是零售行业的主流发展趋势，零售企业只有真正做到这一点，才能实现线上线下的一体化运营。对于淘宝、京东等电商平台，消费者什么时间购物、在哪个网店买了什么商品、其间浏览过哪些网店和页面、是否使用了优惠券、最终的成交价格、商品配送地址等各种信息都能被掌握。而实体门店却对消费者知之甚少，大多局限于消费者办理会员时填写的姓名、联系方式等信息。在此情况下，如何实现"人、货、场"的深度融合将是零售企业未来一段时间内要解决的重点问题。在推进"人、货、场"深度融合的过程中，做好以下3种连接尤为关键，如图15-1所示。

图15-1 "人、货、场"的深度融合

（1）连接消费者与导购

零售企业可以利用微信群、微信公众号等让消费者与导购建立连接，让导购可以和消费者随时沟通，帮助消费者解决各种问题，向消费者推送优惠券，做好服务工作，与消费者建立良好的信任关系。

（2）连接消费者与商品

零售企业可以将消费者的购物信息数字化，绘制专属的消费者画像。例如，如果导购发现消费者购买了小学三年级的数学试题集，就可以推断出消费者家里可能有正在读三年级的学生，在此基础上，可以进一步为其推荐该年龄阶段儿童适用的图书、文具等。利用消费者画像分析消费者的潜在需求，是零售企业提高转化率与客单价的有效措施。

（3）连接消费者与消费者

实现消费者与消费者连接的价值在于通过消费者的口碑传播来提高商品销量与曝光率。如今，消费者已经不再简单地相信商家的营销推广，而是更愿意相信亲朋好友或网络博主等的推荐。因此，零售企业要做好消费者与消费者的连接，为消费者提供方便快捷、低成本的沟通渠道，引导消费者在社交媒体分享购物经历与商品体验。

连接消费者的操作方法

商业的本质是交易，而连接是交易的基础，强化自身连接消费者的能力是数字时代零售企业从激烈的市场竞争中成功突围的关键。如果零售企业不能和消费者建立连接，即便拥有优质的商品与服务，也很难实现持续增长。连接消费者的操作方法如图15-2所示。

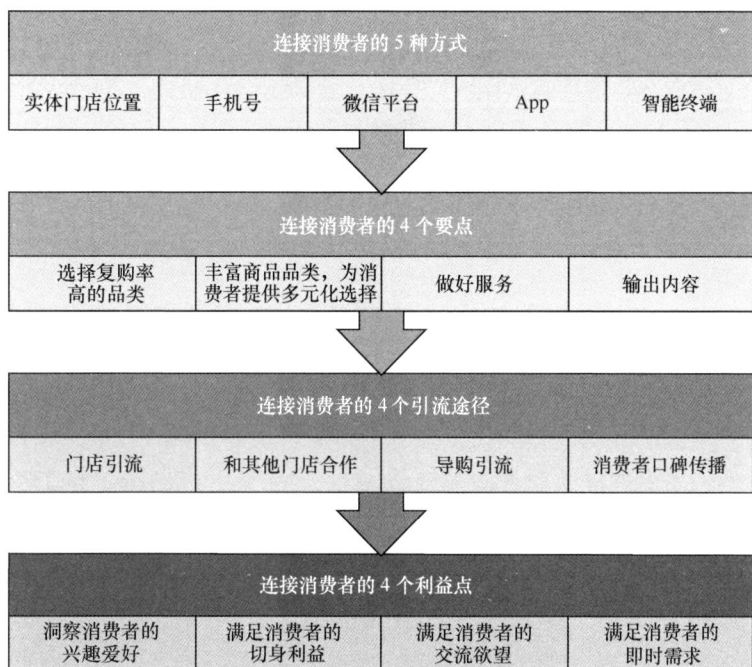

连接消费者的 5 种方式				
实体门店位置	手机号	微信平台	App	智能终端

连接消费者的 4 个要点			
选择复购率高的品类	丰富商品品类，为消费者提供多元化选择	做好服务	输出内容

连接消费者的 4 个引流途径			
门店引流	和其他门店合作	导购引流	消费者口碑传播

连接消费者的 4 个利益点			
洞察消费者的兴趣爱好	满足消费者的切身利益	满足消费者的交流欲望	满足消费者的即时需求

图 15-2　连接消费者的操作方法

（1）连接消费者的 5 种方式

① 实体门店位置。依托实体门店的连接方式虽然可以让消费者产生信任感，但连接关系较弱，消费者离开门店后，门店很难再对消费者施加有效的影响。

② 手机号。实体门店的导购可以通过手机号和消费者直接沟通交流，但容易打扰消费者。此外，实体门店的导购流动

性较高，某位导购离职后，可能会让该门店失去一些重要消费者。

③ 微信平台。微信平台不仅覆盖范围广，而且运营成本低，因此，对零售企业来说，通过微信平台连接消费者是一种简单有效的方式。

④ App。安装在智能手机等移动终端中的 App 可以让商家和消费者实时交互，但困难在于如何让消费者安装并长期使用 App。想要做到这一点，商家不能太强调 App 的交易属性，应该从内容角度考虑，长期为消费者提供优质内容。

⑤ 智能终端。零售企业可通过智能电视、智能空调、智能冰箱等智能终端连接消费者，但这种连接方式对产品的普及率有较强的依赖性。

（2）连接消费者的 4 个要点

① 选择复购率较高的品类，例如生鲜食品、母婴用品、化妆品等。

② 丰富商品品类，为消费者提供多元化选择。对许多实体门店来说，店内展示空间相对有限，因此店家通常会采取线上线下相结合的策略——在实体门店展示特色商品，在线上展示丰富多元的商品。从这一角度来看，未来，"社区店 + App+ 前置仓"将成为零售行业的主流趋势。

③ 做好服务。服务不仅是实体门店内的服务，还应该包括到家服务（送货上门、上门安装维修等）、线上服务（通过

VR／AR 技术让消费者线上体验商品、和智能导购面对面交流等）等多种服务。

④ 输出内容。商家应基于消费者的兴趣爱好，从商品与品牌中提炼优质内容，打造有较强影响力的 IP。

（3）连接消费者的 4 个引流途径

① 门店引流。这种引流方式依托线下实体门店，将实体门店的消费者转化为线上流量，容易和消费者建立信任关系，有极高的精准性。

② 和其他门店合作。跨界合作已成为一种主流趋势，通过大数据分析，零售企业可以快速找到合作伙伴，从而整合双方的优质资源，促进双方流量相互转化，实现合作共赢。

③ 导购引流。导购既可以是实体门店中的专业服务人员，也可以是时尚达人、KOL 等。导购具备较为专业的知识与技能，更容易取得消费者的信任。

④ 消费者口碑传播。想要采用这种引流方式，零售企业要严格把控商品与服务质量，注重品牌建设。

（4）连接消费者的 4 个利益点

① 洞察消费者的兴趣爱好。这需要导购与消费者进行深入沟通交流，尽可能地搜集更多维度的消费者数据，在此基础上向消费者推送其感兴趣的内容。

② 满足消费者的切身利益。零售企业可以设计个性化的营销方案，例如，通过为消费者提供免费试用品来带动商品销售。

③ 满足消费者的交流欲望。零售企业应该与消费者深入沟通交流，了解消费者的需求，从而更好地服务消费者。

④ 满足消费者的即时需求。零售企业可以利用线上渠道打破时间与空间的限制，让消费者可以随时随地购买自己需要的商品。

价值创造：强化门店服务与体验

传统零售企业参与市场竞争面临两大困境：一方面，线下流量明显下滑，随着人们生活节奏的加快和移动智能终端产品的推广普及，流量逐渐从线下转移到线上；另一方面，同质化竞争日趋白热化，一个商品成为爆款后会立即被竞争对手模仿，而同质化竞争极易引发"价格战"。

事实上，如果零售企业能够回归商业本质，从为消费者创造价值的角度参与市场竞争，就不必局限于对商品价格的调整。在市场竞争中，零售企业若不能以与竞争者同样的成本为消费者创造更多的价值，就难以取得领先优势；如果创造的价值低于竞争者，则会处于劣势。也就是说，零售企业发展困难的根源在于价值创造能力不足。

在智慧零售时代，零售企业要具备强大的价值创造能力。目前，零售行业对线上线下二维市场结构的认识已经相对成熟，线上线下融合成为不可阻挡的发展趋势。在这种背景下，重新定义线上平台与实体门店的价值显得尤为关键。例如，在传统零售时代，实体门店的价值更多体现在销售商品方面，交易价值被过度放大，而服务价值、连接价值、社交价值、体验价值等不被重视，商家和消费者的连接关系很脆弱。

在智慧零售时代，零售企业要打破发展困境，就需要坚持全渠道战略，促使线上线下二维市场的融合，并在此基础上，对线上线下渠道进行重新设计规划，例如，从单一的零售业态向"零售＋娱乐＋餐饮＋社交"的复合型业态转型升级，利用增值服务创造新的利润增长点，让消费者获得更优质的体验。

在智慧零售时代，连接器作用是实体门店的核心价值之一。在消费者主导的新消费时代，只有和消费者建立强有力的连接关系，零售企业才能真正构建核心竞争力。这就需要零售企业在实体门店中提供符合消费者需求的商品与服务，并通过实体门店服务人员，开展社群化运营。例如，可以将实体门店服务人员打造成社群中的 KOL，帮助消费者以较低的时间成本做出科学合理的消费决策，让消费者买到合适的商品。

零售企业想要获得快速发展，就必须从消费者的角度制定经营管理策略。如今，智能手机已经成为人们日常生活的重要组成部分，人们获取信息的渠道越来越多。借助数字化工具拉近和消费者的距离，融入消费者的社交圈，是零售企业打破发展困境的有效手段。例如，通过微信公众号向消费者输出高价值的内容，满足其文化、价值观等精神与情感层面的需要，进而提高商品质量与服务供给能力，促进零售企业的经营业绩持续增长。

第六部分

营销攻略

第 16 章

私域流量：低成本获客的流量法则

私域流量的主要特征与运营主体

私域流量是与公域流量相对的概念，一般是指品牌商、零售商或个体经营者直接连接、直接拥有的消费者。与通过平台算法、搜索优化、广告位购买等手段获得的公域流量相比，私域流量具有可直接触达、双向交流等多种优点。

目前，私域流量已经成为线上线下各类商业业态常用的运营手段，能够助力品牌商和零售商打造私域用户池，实现自营生态的闭环。从流程来看，私域流量运营已经形成了从流量获取、流量沉淀、流量运营到交易转化、分享裂变、复购达成的典型路径。另外，由于私域流量受到越来越多零售商的重视，相关的工具与服务供应商也大量涌现，这能够帮助各类零售商更好地实现私域流量运营。

私域流量的主要特征

私域流量的主要特征如图 16-1 所示。

● 信任感：信任感是私域流量沉淀与转化的核心。

● 直接触达：私域流量是品牌商和零售商可以直接触达的流量（消费者），不需要通过中间平台付费购买。

图 16-1　私域流量的主要特征

● 重复使用：私域流量沉淀在品牌商或零售商的各种流量载体内，品牌商或零售商可以重复激活、触达与转化，效率更高，成本更低。

● 双向交流：私域流量体系下，消费者与商家沟通渠道顺畅，双方可以随时交流，商家能够及时获得反馈、按需研发商品、优化供应链和消费者体验等。

● 长期价值：私域流量遵循的原则是长期积累、持续经营，以深度挖掘消费者的全生命周期价值为目标。

总体而言，私域流量下，商家与消费者之间的交流更方便，但私域流量的运营也需要商家真正为消费者提供有价值的商品与服务，与消费者建立信任连接，并通过精细化的流量运营来实现高效拉新、高转化、高口碑、高裂变、高复购的闭环稳定增长，不断挖掘消费者的长期价值。

私域流量的运营主体

私域流量的运营已经在品牌零售商、KOL、中小门店、电商卖家、个体经营者等各类主体中广泛地展开。

（1）品牌零售商

对品牌零售商而言，私域流量是降低流量成本、进行精细化运营的有效渠道。品牌零售商常年受制于高昂的广告成本、渠道成本及电商平台成本，但在私域流量体系下，品牌零售商能够直接触达消费者，建立自有消费者数据库，更好地优化商品与供应链。此外，私域流量还能够帮助品牌零售商实现消费者分层管理、精准营销、流失消费者激活、消费者数据分析等精细化运营。

目前，很多品牌零售商通过私域流量运营获得了可观的经济增长。例如，美妆品牌完美日记通过建立私域流量，以朋友圈、社群、直播、抽奖等方式形成转化或复购。

（2）KOL

对自媒体、主播等 KOL 而言，私域流量是其自带的属性。他们的流量变现方式可以分为自营和带货两种形式。自营性质的 KOL 作为卖家，在自己的私域流量内形成商业闭环。而带货性质的 KOL 一般选择与第三方商家合作，这时他们的私域流量对第三方商家来说实际上是公域流量。

（3）中小门店、电商卖家与个体经营者

中小门店、电商卖家、个体经营者可以运营自己的私域流量，

增强消费者黏性。例如，不少个体经营者基于自身社交关系发展消费者群体，通过服务商获得供应链支持，在自有私域流量池内进行销售。这样的模式不但能帮助一些自由工作群体解决就业问题，还能帮助品牌商完善供应链、清理库存、激发实体经济的竞争力。

私域电商和传统电商

私域电商一词可拆解为两个部分：私域和电商。其中，私域是指私有流量的"存储地"或"阵地"，私域流量不受公域流量的影响。

私域电商能够在自己的流量池内与消费者沟通互动并达成交易，从而建立自己的闭环电商；同时也能够利用各种营销手段提高商品的成交率，加速形成交易闭环。

私域电商的属性

私域电商的属性如图 16-2 所示。

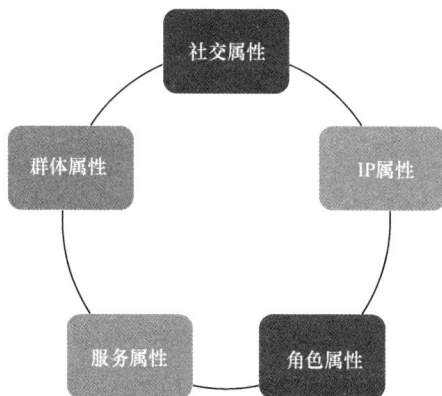

图 16-2　私域电商的属性

（1）社交属性

私域电商的社交属性是 KOL 赋予的，该属性以熟人社交关系链为基础，进一步提升消费者黏性，增强消费者对商家的信任。同时，消费者还可以通过社交媒介传播和分享商品。

（2）IP 属性

私域电商运营者需要具备专业的知识和技能，同时还要具备一定的人格魅力。这些特点能够加深消费者对私域平台的信任，从而更加认可其商品或品牌，甚至能够让消费者主动分享和传播其创作的内容。这个过程可以使私域电商进一步 IP 化。

（3）角色属性

在私域流量池中，消费者的角色不是单一的。他们既可以是消费者，也可以是传播者，还可以是分销者。

（4）服务属性

私域电商运营者在交易过程中一方面要为消费者提供答疑服务，另一方面也要分享商品的使用经验，这些方法可以提高消费者的信任度。

（5）群体属性

以 IP 人格化为基础，私域更容易形成具有相同价值观和消费模式的社交群体，这些群体的黏性也会更强。

私域电商和传统电商的区别

私域电商与传统电商主要的区别在于两者的流量基础不同，

前者是基于私域流量的电商模式，后者是基于公域流量的电商模式。它们获取流量的方式不同，所以它们的交易闭环流程也会存在区别。

（1）交易环境

私域电商的交易环境是一种"热环境"，因为在熟人或朋友之间完成交易；而传统电商的交易环境是一种"冷环境"，因为通常在陌生人之间进行交易。

（2）商品类型

私域电商的消费者在商品的选择上具有单一性和特定性，如母婴、美妆、保健、知识课程等；而传统电商的消费者在商品的选择上具有全面性和广覆盖性，几乎包括全部类型的商品。

（3）触达渠道

私域电商可以通过 App、微信公众号、小程序、社群等多种渠道来触达消费者；而传统电商主要通过各大电商平台来触达消费者。因此，这两种电商的营销模式和消费决策也存在差异。

私域电商以信任驱动消费者，这种电商模式是以熟人社交关系发展起来的，因此消费者会非常信任对方，并愿意根据他们的推荐做出购买决策，属于"货找人"的营销模式；传统电商属于"人找货"的营销模式，即消费者会根据自身需求有计划地去购买商品，他们会在各大电商平台搜索相应的商品，然后再对比同类商品的品牌和价格，最后再做出消费决策。

引流：搭建私域流量池

企业做私域流量运营必须经历从 1 到 N 的增量过程。增量的模式主要有两种：一种是原业务增量，另一种是新业务增量。例如，一家服饰电商企业利用微信来添加和留存消费者，然后通过日常精细化运营来增加消费者对服饰的复购率，这实则是一种原业务增量；而一家通信公司通过通信业务将消费者引入微信，然后通过微信运营来为消费者提供家政服务，这就是一种新业务增量。

不管是原业务增量还是新业务增量，其运营落地的链路都是一样的，即"引流—留存—转化"。引流是私域流量运营的第一步，也是最关键的一步，需要关注以下 3 个关键点。

确认流量承载点

微信生态中可以作为私域流量池的模块有微信公众号、微信群、个人微信号和企业微信号等。

- 微信公众号：微信公众号的用户关注数是没有上限的，因此大多数零售企业都喜欢将微信公众号作为自己的私域流量池。微信公众号是零售企业自我展示的"移动官网"。
- 微信群：微信群的服务场景是"多对多"模式，企业在微信群中可以更加方便、高效地进行消费者维护、销售转化及裂变增流。

● 个人微信号和企业微信号：由于微信公众号的服务场景是"一对多"的模式，所以，它对消费者的触达率和互动性都有一定的限制。鉴于此，许多企业会从微信公众号中筛选出一部分消费者，然后将他们引流至个人微信号或企业微信号，再进行精准维护。

交互设计，多点留存

单点触达消费者可能存在两个问题：一是效率不高，二是触达率有限。因此，企业应该通过多个渠道来留存消费者，即尽可能地通过微信公众号、微信群等方式留存消费者。此外，企业在进行引流设计时，要明确主要的流量承载点，做好不同承载点的主次划分和关联性导流。

先导存量，再求增量

向私域流量池"拉新"的成本要比将老用户引入私域流量池的成本高得多。但是，对企业来说，新用户的价值却远远低于老用户的价值。因此，企业应该首先考虑如何将存量用户引入私域流量池，然后再考虑如何将增量用户引入私域流量池。

企业进行存量用户引流的主要渠道有电话、短信、门店等。引流不仅需要系统性的设计思路，还需要极强的落地执行能力。

引流设计中有两个核心点：一是回馈用户，二是关键引流路径。

留存：精细化运营存量用户

用户留存率是私域流量运营最重要的指标之一。用户的留存率越高，用户的转化率往往也会越高，前者是后者的基础。下面将围绕个人微信号和企业微信号来介绍用户留存率。

要想提高个人微信号和企业微信号的用户留存率，则需要做好两个工作：一是塑造好专业的第一印象，二是做好用户生命周期管理。

做好用户生命周期管理即对用户进行精细化维护：一是要做好标签管理，二是要做好用户分类。

- 标签管理：企业要打造属于自己的微信标签体系。微信标签的制作一方面要考虑后台批量营销场景，另一方面也要考虑前端即时营销需求，既要为用户制作标准化、统一化的标签，也要为用户制作个性化、定制化的备注。这样一来，前端客服在与用户进行交互时就能及时做出合理的反应。

- 用户分类：与其他营销一样，私域流量运营也遵循"二八法则"，企业要适当地对用户进行分类，着重于高价值用户的运营。

企业需要根据 RFM 模型（衡量用户价值和用户创利能力的重要工具和手段）和微信标签体系将用户分类，对高价值用户进行超精细化维护。

转化：私域营销的终极目标

私域流量运营的最终目的是实现流量转化，而要想提高转化率就要建立一套良好的执行体系。

（1）私聊和朋友圈

在不打扰用户的情况下通过朋友圈分享实现营销。通过朋友圈营销场景对 80% 的普通用户进行维护；通过私聊来重点维护高价值用户，与高价值用户进行密切的互动。

（2）微信群

营销型微信群有两类：一是日销群，二是闪购群。日销群需要长期维护，适合销售高频商品和服务，例如，平价美妆、快时尚服饰等，并且需要企业派遣专人来维护；闪购群需要短期或单次维护，维护时间为 3～7 天，适合销售相对低频的商品和服务，不需要企业派遣专人维护。

建群的目的不同，维护周期和转化路径也会不同。但任何类型的群都会涉及一些相同的流程细节，例如，群的搭建、进群邀请、活动选品、人员分工、节奏把控等。建立标准化的群操作流程一方面能降低运营成本，另一方面也能极大地提高群产出。

（3）直播

直播与微信群营销之间既有相同点也有不同点：相同点在于两者都可营造氛围，并且都是相对封闭的营销方式；不同点在于直播具有可视化的特点，互动性要比微信群营销更强，转化率更高。

电商要搭建直播体系应把握 3 个关键要素，分别是商品、主播和营销；同时也要把握好 3 个时间节点，即直播前、直播中和直播后。直播运营者要明确规划好每个时间节点的执行项目、执行要点和涉及要素等，一边执行，一边优化这些内容。

第 17 章
品牌运营：传统零售品牌的转型升级

智慧零售时代的品牌升级路径

从理论上来说，对于同一个品牌，消费者无论是从官方网站、电商平台还是从实体门店购买商品，都应该享受统一的权益。但实际情况是，不同渠道的消费积分系统是相互独立的，各个渠道的服务无法实现无缝对接。现在的消费者对服务和体验的便捷性提出了更高的要求，商家需要在全渠道布局，通过开展一体化运营为消费者提供统一的服务，否则就会在激烈的市场竞争中处于劣势。

零售行业发展到一定阶段后，要求零售企业能够围绕消费者的需求，打通不同渠道、不同场景的运营，改造与升级原有的品牌，建设完善的柔性供应链体系。由此可见，围绕消费者需求实现全渠道一体化、塑造智慧品牌、建设柔性供应链，进而提高整体运营的效率、改善消费者的体验，才是智慧零售。

要想实现智慧零售，企业就要将消费者放在核心地位，注重对消费者的管理与运营，用现代化的用户思维、数据思维代替以往的商品思维，着眼于市场销售的末端环节，通过开展智能化建设、增加娱乐化元素等措施来提升消费者的体验。也就是说，企业在进行零售改革的过程中，要充分发挥互联网的优势，发挥大数据、AI 等技术的作用，在深挖消费者需求的基础上，通过重塑传统的经营理念，优化自身的商品与服务，对企业运营过程中包含的所有环节（如商品设计、生产、流通、销售等）进行改革，颠覆以往的生态体系与业态结构，实现线上线下的无缝对接，进一步满足消费者的需求。

品牌转型升级

数字时代的到来，无疑为企业的改革带来了更多的机遇。传统工业时代，企业的信息承载、商品呈现、品牌传播等受到时空因素的限制。而在新时代背景下，数字化平台拓展了企业营销推广的空间。企业要革新内容营销方式，通过场景打造来提高营销的针对性。

渠道转型升级

在进行渠道改革的过程中，企业要围绕消费者的需求发挥不同渠道的优势，利用先进的技术手段将线上线下的商品、数据、品牌信息与消费者权益统一起来，通过开展一体化运营让消费者能够在不同渠道之间自由切换，根据自己的习惯选择商品与服务。

供应链转型升级

为了跟上时代的步伐，企业在打通线上线下运营的同时，还要实现商品的高效流通。为此，企业必须改革传统的供应链与价值链。

零售的发展依赖物流系统的支撑，在这个方面，企业需要建成完善的物流服务体系，确保整个体系围绕消费者需求开展运营，为全网全渠道的零售经营提供有力的支持。

消费互联网的发展是需求侧的演变与革新，对用户的信息获取、购物消费、社交互动等都产生了影响；产业互联网的发展是供给侧的演变与革新，能够对企业的研发生产、物流运转、商品营销、经营模式等产生影响。在数字时代下，企业要围绕消费者进行业务网络布局，在发展过程中逐步形成完整的智慧供应链，根据需求调整、优化供应链上的各个环节，做好"人、货、场"各个层面的资源分配，摆脱时空因素的束缚，提高整体的环境适应能力。对外，要处理好与供应链体系上其他环节之间的关系，与供应商、经销商、零售商达成稳定的合作关系，提高下单、生产、物流、存储、销售等环节的响应速度；对内，要实现业务链条上各个环节（例如，战略制定环节、品牌塑造环节、商品设计环节、供货环节和商品销售环节等）之间的衔接，打通品牌系统、供应链系统、商品系统和销售系统。

此外，在品牌革新、渠道连通、供应链改造中，先进的技术发挥着不可替代的作用。企业要运用大数据、物联网、AI 等技术实现线上线下的一体化运营，围绕消费者的需求及其变化对现有业务网进行改革，从而加速整个体系的运转，通过这种方式提高企业的商品和服务的质量，进而提高消费者的满意度。

零售企业的品牌营销实战策略

零售行业的每一次转型都会催生许多新业态，但从本质层面来分析，不管采用何种新业态，商家都应围绕消费者的需求开展运营。电商平台能够为消费者提供更多的便利，而在电商平台的冲击下，实体门店为了获取竞争优势，也着力提升服务质量，致力于更好地满足消费者的体验需求。也就是说，电商平台与实体门店能够从不同的方面让消费者获益，而智慧零售模式则能够将两者的优势整合起来。换句话说，在智慧零售模式中，商家能够同时满足消费者的多方面需求与期待，更好地服务于消费者。

搭建完善的服务体系

蓬勃发展的电商对零售行业产生了深刻的影响。无处不在的互联网，不仅提高了信息的开放程度，还优化了人们的购物体验，进而重构商业社会的价值观。

在价值观的影响下，人们的消费观也会发生显著变化。进入数字时代后，企业不仅要注重商品优化与运营，更要将消费者的需求放在核心地位，通过打造特定场景，提供全方位的信息服务，从商品、服务、支付、物流等环节为消费者提供优质的体验，逐步建成完善的服务体系，从而提高企业的整体竞争力。

注重品牌内容的输出与传播

互联网的发展与普及为我们拉开了全媒体时代的大幕，促使企业在运营的过程中更加注重内容传播。在传统模式下，企业的营销推广、品牌传播依赖于大规模的广告投放。移动互联网使越来越多的企业改革了传统的营销模式，通过与消费者之间建立直接连接来降低成本。

如今，在数据统计与分析的基础上，企业能够根据消费者的需求、偏好进行品牌推广，这不仅能够节省资金，还能够提高营销的针对性。相较于对于权威媒介与大众媒介的选择，企业在进行品牌推广时更加注重内容设计。因此，在参与品牌竞争的过程中，企业要丰富品牌文化，强化品牌与消费者之间的情感共鸣。

实施精细化品牌管理

企业在开展品牌运营的过程中，要进一步提高决策制定的准确度。

要想提高自身品牌的吸引力，企业需要打造目标消费者认可的品牌文化，突出表现自身品牌的差异化优势。以往，企业采用的是"粗放式"的品牌管理模式，缺乏战略性的品牌规划，品牌文化建设也难以得到持续性的发展。在智慧零售模式中，企业应该实施"精细化"的品牌管理模式，确定清晰的发展方向，明确品牌规划，加强品牌文化建设。

与消费者高效互动

在数字时代，企业在营销过程中，往往会通过精准的定位、热度较高的话题、具有稀缺性的商品来满足消费者的期待，促使他们积极参与话题讨论。与此同时，企业也会与消费者保持高效的连接，提高他们的参与度。

很多企业在电商销售环节会打造爆款商品，以大规模销售降低总体成本。不少家电品牌就采用这种方法，针对爆款商品推出促销活动，通过价格优势来提高销量。

另外，部分家电品牌会采用众筹模式，在生产之前先行造势，按照一定的数量标准降价，通过这种方式不断提升销量。此外，还有一些品牌在商业发达的地区设置临时性的铺位，针对季节性消费者开展运营，这类"快闪店"也吸引了很多品牌的目光。

除了概念层面的创新，智慧零售的影响范围正在不断扩大。在向智慧零售转型的过程中，企业应该改变之前的品牌推广方式，突破思维层面的束缚，从不同的角度、采用不同的方式开展品牌经营、制定发展决策，从更加长远的角度进行品牌规划，并选择适合自己的品牌发展道路。

社群赋能：搭建智慧零售营销体系

新技术、新渠道、新模式的不断涌现，使零售行业的营销发生了重大变革。在智慧零售的背景下，零售企业需要构建以场景、IP、社群、传播为主线的新营销体系。零售企业的营销想要取得良好的效果，必然要建立在营销内容大范围传播推广的基础上，不仅要主动传播，更要刺激消费者进行口碑传播。在营销内容传播方面，社群是一种低成本、高效率的工具。

在重构营销体系的过程中，零售企业需要打造新的营销组织，完善内容生产机制，长期向目标消费者输出风格一致的个性化内容，在其心中形成虚拟化的人格形象；充分利用新媒体运营社群和消费者保持联系，同时鼓励消费者反馈意见，帮助企业优化完善商品设计、定价、营销、售后等；通过收集、分析消费者数据，挖掘消费者潜在需求，创造并引领新的消费需求。

零售企业在营销实战中必须做好以下 5 点，构建新零售营销体系。新零售营销体系如图 17-1 所示。

图 17-1　新零售营销体系

锁定客群，精准画像

在传统的营销模式中，企业对消费者往往缺乏足够的认知，不了解他们具体分布在什么区域、什么渠道、有何爱好等，导致营销缺乏精准性，不仅浪费资源，而且很难达到预期的效果。

而在智慧零售时代，随着大数据、物联网、AI 等技术的应用，企业能够对目标群体进行精准定位，通过绘制精准的消费者画像，从而开展定制营销。

设计场景，服务消费者

现阶段，消费者对情感体验尤为重视，而情感体验是与具体场景相关联的，特定的场景会让人产生特定的情感体验，因此，场景设计对营销推广是非常重要的。

在智慧零售背景下，"场景"被赋予了更多的意义与内涵，它强调以消费者为中心，通过实体空间和虚拟空间的融合应用，让消费者的好奇心、荣誉感、自豪感等得到满足。场景营销应该被零售企业视为一种长期的营销战略，零售企业应灵活运用推送微信公众号文章、设计线下活动等方式开展场景营销。

赋予 IP，自主传播

IP 的价值在于让商品情感化、人格化，使 IP 成为消费者的某种情感寄托。被赋予 IP 的商品可以通过人们的自主传播实现大范围推广，不过，IP 的构建需要一个较长的周期，需要零售企业结合商品及品牌特性、消费者需求、企业文化等向消费者长期推送风格一致的内容，并做好与消费者的沟通和交流。

社群营销，增强连接

社群是存在某种共同特性的人的集合体。与其他的营销方式相比，社群营销较为精准，容易实现口碑传播。当然，社群营销要找到合适的社群。目前，社群十分多元化，线上有论坛、贴吧、微信公众号、QQ 群、微信群等，线下有社区、俱乐部等，这都为企业社群营销带来了便利。

以微信群为例，微信作为一个现象级社交媒体，拥有亿级月活跃用户，是主流的社群营销渠道。微信群主要包括 3 种：一是社交群，通过人与人的社会关系而形成；二是商业粉丝群，基于成员对某种商品的认可而形成；三是工作群，这种微信群成员往往较少，较为封闭，一般会给企业营销带来一定的阻力。零售企业在开展社群营销时，需要做好以下 3 点。

● **吸引消费者，不断扩大社群规模。**初期，由于社群规模较小、用户的忠实度较低，需要强化用户对商品、品牌、企业文化的认知，待积累了一定的用户后，再借助他们的口碑传播让社群扩大到一定规模。

- **提高社群成员忠实度，形成良性口碑**。对企业而言，社群运营要追求商业价值，因此，运营人员要尝试不断提高社群成员的忠实度，这需要运营人员经常与社群成员沟通交流，组织他们参加线上线下的活动，逐渐为企业积累好口碑。

- **挖掘社群价值，实现合作共赢**。在社群规模及用户忠实度达到一定的高度后，运营人员应及时进行营销推广，完成变现。需要注意的是，社群变现要遵循价值交换原则，通过为消费者提供优质商品及服务来获得利润，从而延长社群的生命周期，实现利益最大化。为了进一步挖掘社群的价值，企业还可以和其他风格调性一致的企业进行跨界合作，实现合作共赢。

全线传播，无所不在

　　传播是营销不可或缺的重要组成部分。在信息泛滥的环境下，即便商品非常优秀，如果不能被精准推送到消费者面前，也很难完成变现，因此，传播是十分关键的。企业可以采用开通微信公众号、创办企业官网、开发 App、投放户外广告等方式，通过多种工具相结合构建传播矩阵，多触点传播。

　　在智慧零售时代，要及时调整品类管理模式及供应链模式，从传统的商品本位、企业本位转变为消费者本位，深入发掘消费者的价值，打造以消费者需求场景为中心的品类管理模式与商品供应链组织模式。

"无场景，不营销"逐渐成营销的基本原则。那么，何为场景？场景就是"时空＋服务"，在特定的时间、空间给予消费者符合其心理预期的情感刺激，逐渐让消费者将商品或品牌与特定的场景连接起来。

作为一种新理念、新模式，场景营销并没有固定的标准，要结合零售企业掌握的资源、消费者的特性、消费者的消费习惯等定制化设计场景，为消费者创造更加丰富多元的购买场景。

精准触达：重构与消费者的关系

在传统零售模式中，零售企业与消费者之间通常没有建立紧密的联系。但进入消费持续升级、资源越来越丰富、信息"爆炸"的全媒体时代之后，消费者选购商品时往往会先选择信任的品牌，然后在该品牌经营的各品类中选择自己需要的商品。在这种消费模式中，品牌就成为消费者做出购买决策的第一层"过滤网"。如果品牌不能与消费者建立信任关系，不能在第一时间被消费者想起，那么就有可能被市场边缘化。

近年来，传播呈现两个特点：一是媒体社会化，二是社会媒体化。也就是说，社会事件有可能转化为营销切入点，市场的不可预测性更加突出。近几年，我国出现了很多基于内容的新的消费现象，例如，网红经济、直播电商等，消费者的消费行为也更加多元化。如果零售企业继续沿用传统的"粗放式"营销模式，将很难触达核心的潜在消费者群体。另外，数字时代的到来使消费者的喜好更加多变，如果零售企业继续使用传统的先进行市场调研再设计、生产商品的方式，很有可能无法满足商品更新迭代的需求。对零售企业来说，精准定位核心消费者、有效识别市场变化是当前最迫切的需求，也是提升消费者体验的主要措施。

在此形势下，零售企业必须改变传统的市场调研方式与推广方式，进一步挖掘消费者的信息，从年龄、性别等基础信息深入到购物偏好、心理诉求等层面，建立对消费者的立体认知，形成对消费者的全渠道触达。在此基础上开展精细化运营，不断提升消费者的转化率与复购率，能够为借助智能数字化变革重构消费者关系奠定良好的基础。

在传统零售模式下，不同行业之间存在清晰的界限，如今这个界限正在变得越来越模糊，IP 价值表现得更加突出。以小米为例，其多品类发展的策略不仅有利于发挥品牌的吸引力，而且能够有效调动消费者的积极性。由此可见，企业在经营过程中可以在提高消费者认知的基础上，逐步扩大经营范围。在行业界限不再清晰的当下，企业通过在不同的品类间切换自如，满足消费者的需求。为此，企业需要更全面地获取消费者的相关信息，切实把握消费者的需求，实现商业边界的延伸。

随着消费不断升级，年轻的消费者逐渐成为社会消费的主力军，品牌的价值也越来越突出。因此，企业在开拓渠道、提供商品的过程中，就需要重点考虑如何聚集消费者，深化消费者的 IP 认知。

此外，在移动互联网时代，媒体形态更加丰富，信息传播更加便捷。多元化的媒体平台能够扩大信息的影响力与覆盖范围，这对企业品牌推广来说既是机遇也是挑战。以往，商品的生命周期曲线呈走势缓慢的倒"U"形，当商品到达最高点后，会逐渐走低。在现代化的信息社会下，商品生命周期的演变趋势已经发生了变化，整个发展过程中可能包含多个波峰，推向市场的商品发展到一定阶段后会到达一个波峰，然后走低，之后再到达另一个波峰，再呈下降趋势……

商品生命周期的变化，使企业的运营过程更加复杂，而且在社会经济快速发展的当下，消费者面临的选择也更丰富。如果企业固守传统方式，则无法及时洞悉外界市场环境的变化，最终提供的商品也很难对接市场的需求。企业要想打造爆款商品，就要改革传统的营销方式，提高营销的针对性，为消费者提供符合其需求的商品和服务。

智慧零售时代的到来，使零售企业之间不得不展开激烈的比拼，消费者的时间、产业的资源等都是企业抢夺的重点。在参与竞争的过程中，企业需要深入研究与消费者之间的连接方式，用灵活而有效的形式实现商品及品牌信息的精准触达，帮助消费者做出决策。

此前，已经有不少零售品牌打造了自己的消费者信息存储系统，但这种信息存储系统仍有待完善。一方面，这类信息存储系统中缺乏对动态信息的收集与整理；另一方面，信息存储系统未能实现品牌与消费者之间的连接。而在应用先进技术的基础上，企业能够用立体化的认知取代传统模式下的静态信息获取。通过这种方式，企业除了能够收集到消费者的基本信息，还能把握深层次的消费逻辑。

最后，再来分析一下"全域触达"。在传播信息时，若企业采用传统的广告方式（例如纸媒）进行信息扩散，很难提高转化率。为了解决这个问题，企业必须根据消费者的需求提高信息推广的针对性，实现精准触达。例如，企业应了解消费者经常登录哪些媒体平台、习惯于在什么场景下获取信息等。通过在合适的时间、合适的地点为消费者提供有价值的信息，有效促进消费者转化。此外，跨媒体平台的合作也能够实现精准触达。例如，阿里巴巴旗下的淘票票与天猫平台进行了合作，消费者在淘票票购买电影票后，可获得天猫平台的代金券。

企业只有进行立体化认知、跨媒体合作，才有可能实现全域触达。ID运营就是以全域触达为前提，企业针对不同消费者的需求展开差异化的运营，推出定制化的商品和服务。ID运营能够为企业带来更多的发展机遇，会员制就属于ID运营的范畴。如今，很多商场和品牌建立并实施了会员制，但具体的运营方式仅限于让消费者参与积分兑奖活动，或者为消费者提供优惠权益。理想的模式应是当ID运营发展到一定程度后，消费者能够获得专属的商品与服务。

第 18 章
营销实战：从商品中心到消费者中心

智慧零售时代的营销进化论

4P[1] 营销理论的提出对市场营销理论与实践产生了深远影响。

在传统零售时代，4P 营销理论中的"Place"成为营销工作的重心，绝大多数零售企业将重点放在了如何选址上。

但随着消费者需求的不断增加，我国零售终端的数量开始大幅增长，各种零售业态相继出现，消费者有了更多的选择。在这种情况下，为了增强自身的竞争力，零售企业不再只关注实体门店，而是逐渐将注意力转向消费者层面，强调深入了解消费者，与消费者积极沟通。整个零售行业进入"第二零售"阶段。

在此阶段，零售行业的营销理论从 4P 理论升级为 4C[2] 理论。在"第二零售"阶段，零售企业开始以消费者为导向组织营销活动，致力于为消费者提供便利、便捷的购物体验，形成口碑，不再优先考虑销售渠道和销售策略。通过这种方式，短期内，零售企业与消费者实现了共赢，但从长期来看，零售企业投入的成本会越来越高，这种共赢关系必将破裂。

1　4P 指的是 Product、Price、Place、Promotion，即产品、价格、渠道和推广。
2　4C 指的是 Convenience、Consumer、Communication、Cost，即便利、消费者、沟通和成本。

进入 21 世纪，我国的电商发展迅猛。电商打破了时空限制，让随时随地购物变成可能。在这种局面下，如何使成本效益最大化、使消费者的购物体验达到最佳，成为电商企业亟须解决的新问题。

近几年，大数据、云计算、AI 等技术迅猛发展，零售企业致力于解决线上电商、实体门店存在的问题，而加速二者融合的智慧零售也逐渐进入人们的视野。在智慧零售时代，营销理论需要在 4C 营销理论的基础上进行相应的升级，零售企业的营销活动要做到以人为核心，以数字化为基础，注重场景化、体验化、极致效率化、成本效益最优化。营销理论的演变如图 18-1 所示。

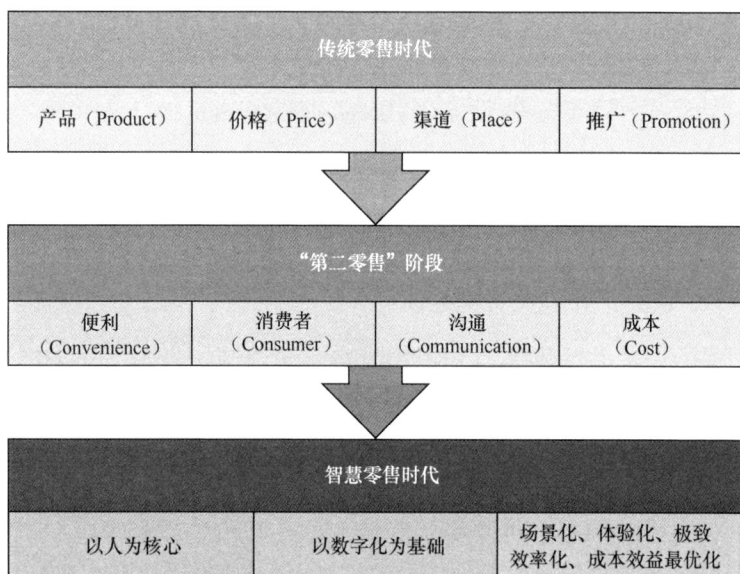

图 18-1　营销理论的演变

（1）场景化

在智慧零售时代，零售企业应将创造丰富的场景视为第一着力点，让智能终端成为人类感知的延伸，将呈现在消费者眼前的场景与其内心感受相融合，以提高转化率。过去，实体门店与电商的营销场景比较单一，无法对消费者的感官产生足够的刺激，错失了很多与消费者互动、触达消费者的机会。在智慧零售时代，零售企业可以利用移动数据绘制更加立体的消费者画像，将地域标签、时间维度等场景数据整合在一起，让渠道与消费者实现深度融合，将场景打造成消费者触手可及的渠道，让消费者在场景内享受购物体验。

（2）体验化

在智慧零售时代，消费者最终是否购买商品在很大程度上取决于购物体验。距离、操作等都会对购物体验产生影响，进而影响消费者最终的购物决策。随着数字技术的迅猛发展，零售企业广泛引入了语音识别、大数据等技术，利用大数据对消费者数据进行管理及精细化运作，让消费者享受智能化购物，从而提升转化效果。

（3）极致效率化

未来，零售终端、商品、消费者的容量大幅增长，营销边界将变得异常广阔。届时，零售企业的营销活动要转变重点，让"人、货、场"三者之间的匹配效率达到最优。

（4）成本效益最优化

效益即共赢。进入智慧零售时代之后，零售企业不能一味地追求自身利益，也不能局限于企业与消费者之间的狭义"共赢"，而是要实现企业、消费者、供应商多方面的共赢，让整个商业生态上的所有参与者的利益都实现最大化。

如果说 4P 营销理论以市场为导向，4C 营销理论以消费者需求为导向，那么智慧零售时代的营销理论则需要以共赢为导向，致力于追求多方利益主体的共赢。

从以商品为中心到以消费者为中心

从商品主权时代到渠道主权时代，我国零售市场一直以商品为中心，市场营销活动也一直围绕商品进行。而如今，消费者在零售市场中占据主导地位，营销活动需要从以商品为中心转向以消费者为中心。

现阶段，零售市场上的商品越来越丰富，消费者的选择越来越多，商品同质化现象严重，商品之间、品牌之间的可替代性非常强，品牌转换速度越来越快。在此环境下，如果企业继续使用以降价促销为主要手段的营销方式，则很难与消费者建立连接。消费不断升级的趋势对零售企业提出了新的要求。例如，对于追求健康的消费者来说，油炸类食品（例如方便面等）很难打动他，可乐等碳酸饮料的价格再低也很难刺激其购买。除了对商品品质、包装等方面具有要求，注重健康的消费者在购物时也非常关注商品是否满足少糖、少油、少盐、不含添加剂等指标。

面对这类消费者，低价促销手段不再适用。无论商家采取何种营销手段、商品价格多低，只要商品与消费者的理念相悖，就无法刺激消费者的购买欲望。更重要的是，实体门店的客流量越来越少，如果这个问题得不到有效解决，就难以提升门店的经营业绩。

零售企业开展营销活动必须聚焦当前的关键问题，即客流量下降问题。在此之前，零售企业必须明确客流量下降的原因。传统的经营理念与模式一直以商品为中心，缺乏消费者思维，零售企业与消费者之间的关系建立在商品低价的基础上，只要该商家的商品涨价，消费者就会另寻他所。这种营销模式与营销理念导致零售企业陷入了发展困境。

换言之，在传统的营销理念与模式下，零售企业缺乏留客机制，消费者黏性非常低。因此，零售企业必须深刻认识到当前形势的严峻性，尽快转变营销模式与理念，与消费者建立更加紧密、坚实的关系，提升消费者的忠实度。

实体门店如何做好消费者营销？

与目标消费者建立强连接

在智慧零售环境下，零售企业的营销活动必须让目标消费者对品牌或商品形成全面且深刻的认知，最终产生"粉丝效应"。

【案例】盒马创建了一个全新的品牌形象，装潢高档的门店、30 分钟送货到家、持续不断的 DIY 活动等，吸引了消费者的注意力；然后，盒马推出了"盒区房"的营销概念，发布地铁广告，借此触达目标消费者；盒马逐步形成了"日日鲜"的品质营销概念，进一步增强了目标消费者的忠实度。归根结底，盒马的营销目标就是打动消费者，与消费者建立强连接，这一点值得所有实体门店学习。

商品和服务满足目标消费者的需求

随着消费不断升级，市场上的商品结构、消费者的需求方式与需求理念都发生了较大改变。在此情况下，零售企业要想做好营销，必须深入了解目标消费者的需求。

以休闲食品为例，随着消费升级，消费者对坚果类零食的需求不断增加，坚果炒货类市场增长速度极快，其主要原因在于消费者越来越注重健康消费，与其他零食相比，坚果类零食更加健康，碧根果、巴旦木、夏威夷果等坚果富含多种营养物质，备受消费者喜爱。

坚果类零食的销量快速增长，市场占比不断提高。在此情况下，食品类零售门店可以调整商品结构，增加坚果类食品的种类，以满足消费者不断升级的需求。

由此可见，在新零售环境下，零售企业开展营销活动的基础就是商品与服务满足目标消费者不断升级的需求。

重构智慧零售营销的主线

在智慧零售的环境下，零售企业必须重构营销主线：找到消费者—建立连接—产生影响—增强消费者黏性—打造终身价值消费者。

对零售企业来说，客流量下降已是不争的事实。在这种市场环境下，零售企业要将关注点从商品、低价促销转移到打造终身价值的消费者上来。在智慧零售时代，零售企业首先要具备流量思维，将传统零售转变为流量零售，而流量零售就是以消费者为中心、以经营消费者为中心的零售。

为此，零售企业必须在互联网的基础上构建一个新的营销体系，创建一个全新的营销组织和全新的营销创新机制。在营销方面，零售企业必须注重微信公众号的营销价值，通过微信公众号连接消费者，影响消费者，释放消费者的价值。除此之外，零售企业还要学会运营微信群，不能忽视微信群的营销价值。

总而言之，现阶段，零售环境发生了非常大的改变，零售企业的营销理念与营销方式也要随之改变。

个性化定制：精准对接消费者需求

将大数据、云计算、AI 等新一代信息技术和零售行业深度融合的智慧零售，受到了业界的一致青睐。事实上，长期以来，相当多的零售从业者深入思考并探索了未来的零售新模式，但由于存在理念、思维等诸多方面的差异性，关于未来零售行业将会是怎样的形态，业界并未达成一致，而关于未来零售行业将回归真正为消费者创造价值的零售本质，以及零售行业应该坚持与消费者达成无缝对接的追求，已经成为业界的共识。

从诸多创业者及企业对智慧零售的探索案例来看，数字化运营及新消费体验无疑是智慧零售的两大关键要素。同时，以消费者体验为核心是零售行业的核心所在，也是供需关系转变、消费升级背景下零售企业的必然选择。

新技术及思维模式带来的"智慧"体验，是智慧零售为消费者创造的重要价值，它给消费者带来了前所未有的极致体验，能够让企业对消费者进行全流程、全触点的持续刺激，实现消费者生命周期价值最大化。技术供应商、零售企业、互联网企业等对智慧零售有着不同的理解，也提出了差异化的智慧零售落地方案。

综合来看，智慧零售中的"智慧"强调为消费者提供定制化的零售服务，在成本控制和定制精准度之间达成动态平衡，将成为未来零售企业核心竞争力的重要组成部分。从这一角度上来看，我们可以将智慧零售理解为"可盈利的零售服务一对一定制化"。

当企业运营从传统的企业本位思维回归消费者本位思维后，通过定制来充分满足日益个性化、多元化的消费需求成为主流趋势。然而，绝对意义上的一对一精准定制服务迫于成本、效率、技术等诸多方面的限制，长期以来并不具备落地的基础，对此企业界给出的解决方案是"大规模定制"。

20世纪80年代，大规模定制就已经开始出现，但直到互联网被大规模应用前，其发展进程都相当缓慢。流通成本高、信息不对称、柔性制造缺失等是一对一精准定制面临的关键痛点。互联网尤其是移动互联网实现大规模推广普及后，业界普遍认为这些"痛点"将得到有效解决，同时满足消费者商品和服务需求，以及企业盈利诉求的零售服务定制化成为可能。

从需求角度来看，在相当长的一段时间里，信息不对称、收入水平有限等极大地压制了人们的个性化需求，而进入移动互联网时代后，这种需求在短时间内集中爆发，消费者一对一精准定制服务需求异常旺盛。

电商使消费者能够在移动化、碎片化的场景中实时购买，并享受送货上门服务，进一步刺激了消费者个性化、多元化的需求。同时，新媒体的大规模推广普及，使人们热衷于在社会化媒体中自由发声，分享自己的购物体验，而这使消费呈现社交化、口碑化的特征。当然，智能手机与社会化媒体的存在，使信息不对称局面被打破，商品和服务不仅价格透明，更实现了价值透明。

和此前的零售行业变革逻辑是由科技驱动生产变革，进而推动零售企业变革，最终推动消费者变革不同，如今的零售行业变革逻辑是技术变革驱动消费者变革，进而推动零售企业及生产变革。

在硬件方面，大数据、云计算、物联网等技术使零售定制服务企业获得了低成本的硬件基础，例如，低成本建设线上平台及数据库、高效精准识别的二维码、大规模推广普及的POS机等。在软件方面，AI、移动支付、传感器等技术的进步为零售定制服务企业提供了高效稳定的软件环境，使信息系统、物流系统、移动支付系统在零售产业链中得到广泛应用。

在这种背景下，零售企业实现"可盈利的零售服务一对一定制化"变成可能。一方面，企业可以为消费者建立全方位、立体化的画像，实现消费者数字化管理，从社交媒体、电商平台、搜索引擎、出行及缴费等生活服务应用等多源渠道中获取消费者的信息，满足消费者现有需求、挖掘消费者潜在需求、创造及引领消费者新需求。另一方面，基于传感器、物联网、二维码等技术，实现了商品数字化，企业可以对商品进行实时追踪。此外，信息实时传递、消费者社群化运营、场景无感化识别及消费者广泛参与等，都极大地推动了零售场景和流程的智能化。